EL OTRO ÉXITO

BORJA GIRÓN

El otro éxito: El éxito no es lo que nos venden

© 2020 - 2025, Borja Girón

© De los textos: Borja Girón

Ilustración de portada: Keyla Liendo

Revisión de estilo: Borja Girón

5ª edición

3

Este libro es para ti, tú sabes bien quién eres.

CONTENIDO

ANTES DE EMPEZAR

Hace muchos años, cuenta la leyenda que existía un minero muy desdichado que no era feliz. En la montaña en la que trabajaba había un genio que escuchaba a los mineros pero no les prestaba atención. Un día decidió escuchar al minero que se quejaba sin parar de su mala suerte. El minero había conocido a un príncipe muy rico y empezó a tenerle mucha envidia. El príncipe había nacido ya rico y no tenía que trabajar para conseguir todo lo que quisiera. No era justo, pensaba continuamente mientras seguía trabajando. Un día deseó tan fuerte ser príncipe para poder ser feliz que el genio le escuchó y le concedió su deseo. El minero no podía estar más feliz y sorprendido. Por fin podría ser feliz. Pero su felicidad no duró mucho. Al cabo de un tiempo comenzó a tener enemigos, se empezó a sentir indefenso y su felicidad se esfumó. Hasta que un día caminando por el pueblo se encontró con un samurai que vencía a todo aquel que le retaba. El minero pensó que con el poder del samurai sí que podría sentirse seguro y podría ser feliz de nuevo. Lo deseó con tanta fuerza que el genio le escuchó y le concedió su deseo. El minero no podía creérselo. Ahora sí que podría ser feliz. Nadie se atrevería a luchar contra él. Pasados varios meses descubrió que había muchos otros guerreros con más poder y armas que él y volvió a tener miedo. Por aquel entonces apareció una ola de calor como nunca se había visto, provocando que nadie se atreviera a salir de sus casas. El minero miró al cielo y apreció la fuerza que tenía el Sol. Fue entonces cuando deseó con todas sus fuerzas convertirse en el Sol y así tener el poder de dejar a la gente en sus casas, no tener enemigos y poder ser feliz. El genio una vez más, casi sin darse cuenta, le convirtió en Sol. Su poder ahora era inigualable. Por fin podía estar tranquilo. Nadie le molestaría y tendría paz y felicidad para siempre. Pero pasó el verano y un grupo de nubes se fue acercando por el horizonte, haciendo que todo su poder desapareciera de repente. El minero se dio cuenta de su error y una vez más deseó con todas sus fuerzas convertirse en nube. Esta vez sí podría vencer incluso al Sol e inundar pueblos y ciudades para que la gente no saliera de sus casas y sentirse seguro. Tendría el poder necesario para estar en paz y ser feliz. Una vez más el genio le concedió su deseo. Pero no tardó mucho en darse cuenta de que había algo aún más poderoso. El viento lo arrastró e hizo que todo su poder se desvaneciera en unos segundos y fue así como deseó convertirse en viento y el genio actuó. Pero al poco se dio cuenta de que el viento no podía arrastrar todo lo que él quería. Las rocas de la montaña no se movían por mucho que él soplara y eso le enfureció. De nuevo deseó con todas sus fuerzas convertirse en roca. Por fin pensó que ya no habría forma de que nadie se atreviera a molestarlo con ese gran poder y fuerza, por fin podría ser feliz. El genio algo cansado ya le volvió a conceder su deseo. Hasta que una mañana, uno de sus compañeros mineros comenzó a martillarlo y a darle la forma que él deseaba. Se dio cuenta de su poder inicial y pensó que con ese poder podría ser feliz y estar en paz consigo mismo. Apreció todo lo que que había tenido y se dio cuenta de su gran error. Por última vez deseó convertirse en minero. Lo deseó con todas sus fuerzas. Una y otra vez. Pero no pasó nada. No lo entendía. Había descubierto que quería ser lo que era al principio y que su poder estaba dentro de sí mismo. Ya era tarde. El genio se había marchado para siempre.

Esta conocida historia a la que le he dado mi toque personal, no nos da como aprendizaje que debemos conformarnos con lo que tenemos y no ser ambiciosos. Ni mucho menos. Pero sí nos puede enseñar que lo que tenemos ahora nos permite tener todo lo que necesitamos para ser felices y tener éxito. Somos nosotros y nuestros pensamientos los que debemos valorar lo que somos y lo que tenemos. ¿No debemos querer cambiar entonces? El cambio es bueno, querer mejorar es bueno, pero ahora mismo tenemos todo lo necesario para tener éxito porque todo está en nuestra mente, todo está en nuestros pensamientos. Si nos comparamos con alguien que vivió hace 5.000 años tenemos muchas cosas por las que estar agradecidos y si nos comparamos con otras tantas miles de personas en la actualidad también. Incluso si nos comparamos con nuestro yo del pasado es muy posible que también. Tú ya tienes éxito, tú ya tienes el otro éxito. Ese éxito que nadie te cuenta. Ya eres una persona de éxito. Ya lo has conseguido. No hace falta que sigas buscando. Han hecho falta 13.700 millones de años de evolución para llegar a donde estás ahora mismo. El simple hecho de estar leyendo este libro implica que tienes la capacidad de sentir, amar, dormir, soñar, leer, pensar, alegrarte, entristecerte, entusiasmarte… También es muy probable que puedas ver, tocar, oler, oír o saborear. Lo único que tienes que hacer ahora es darte cuenta de que es el momento, este preciso momento, de apreciar, valorar y agradecer todo lo que está a tu alrededor, todo lo que ya has conseguido solo por estar aquí. Y no te creas que es fácil. No creas que todos pueden decir eso. No creas que todo el mundo tiene la capacidad o la oportunidad de pararse a pensar que ya tienen éxito y que lo único que tienen que hacer es darse cuenta de ello. Pero solo con pensarlo te podrás quitar un peso de encima. Esto te liberará para sacar la mejor versión de ti. Ya no tienes presión. Ya no tienes que demostrar nada. Solo estás tú y el mundo. Ahora solo te queda disfrutar del camino. Solo tienes que valorar cada paso que das. Solo debes agradecer cada bocanada de aire que respiras. Solo necesitas apreciar todo lo que está a tu alrededor. Tú, ya eres una persona de éxito. Tú ya has alcanzado el "otro éxito", aunque muchos traten de venderte lo contrario. Pero cuidado. Una vez más insisto que ya tener éxito no implica que abandones tus sueños, que no tengas objetivos, que no quieras mejorar, que no quieras luchar por lo que te propongas, que no quieras cambiar las cosas. De hecho es más bien lo contrario, pero enfocándolo desde la seguridad de haber alcanzado el éxito. El otro éxito del que nadie te habla.

Para quién es este libro

Realmente no sé muy bien para quién es este libro pero intuyo que puede ser para esas personas que busquen algo más allá de las normas establecidas y para esas personas que quieran ver más allá de donde mira la mayoría de la gente. Hay algo que es clave y que afecta de forma directa para que mucha gente no pueda darse cuenta del poder de esta idea y lo que puede afectar a su vida. Esta idea es la de no tener la capacidad de adaptarte a los cambios, de aceptar ideas completamente opuestas a tus ideales y de no tratar de ir un paso más allá para ponerte en la piel de esas otras personas que piensan distinto a ti. Esa capacidad de no dejar de leer por el simple hecho de que te digan algo opuesto a tus creencias te da una ventaja frente al mundo que te permitirá interpretar este libro con otros ojos, con los ojos de alguien que sabe que ni yo, ni tú ni nadie tiene la verdad absoluta sobre nada. Por tanto, lee con atención, consulta cuando te apetezca cada capítulo pero sobre todo no te creas nada de lo que te cuento. Que estés leyendo esto solo indica que estamos de acuerdo en algo y te iré poniendo a prueba durante todo el libro.

Entonces, ¿para quién ese este libro? Este libro es para ti si estás leyendo esto, pero sobre todo para mí. Lo he escrito para mi yo del futuro. Para poder tener en un solo sitio todo lo que me ha ayudado en algún momento de mi vida y que no quiero olvidar. Para así poder consultarlo de vez en cuando y volver a activar esa parte de mi cerebro que se duerme y olvida con facilidad. Y además es posible que pueda ayudarte a ti también. Soy una persona algo egoísta y necesito tener este libro en mi mesilla de noche junto a mi cama. Por suerte tú también puedes leerlo y puede que descubras algo en estos textos y notas que te ayuden en algún aspecto de tu vida.

El porqué de este libro

Yo no soy ni la persona más inteligente, ni la más feliz, ni la que mejor se alimenta, ni la más fuerte. Pero por lo que veo en mi día a día sí he descubierto algo que mucha gente aún no. Muchas personas no saben gestionar ni invertir de forma adecuada su tiempo. Mientras que la mayoría de la gente no para de quejarse de lo malo que es su jefe, de lo mal que les pagan, lo mal que está el mundo, de las pocas vacaciones que tienen o de lo mucho que les queda para jubilarse, yo no me preocupo por eso. Sé que soy el único responsable de lo que pasa en mi vida. Mis decisiones son las que me llevan a un sitio u otro. Y aunque está claro que no todo el mundo parte del mismo punto o tiene las mismas oportunidades, cada uno puede tomar mejores decisiones para hacer un uso más responsable de su tiempo y la actitud que se toma ante los acontecimientos que no podemos controlar marcará la diferencia.

Aprender a tocar la guitarra, aprender surf, kitesurf, salsa, bachata, kizomba, ejercicio de alta intensidad, tomar el sol en la playa, meditar, agradecer, leer, disfrutar de un paseo por el bosque o probar cualquier cosa nueva que me apetezca. Estas son algunas de las cosas que hago en mi día a día. También trabajo desde cualquier sitio con mi portátil y una conexión a internet sin tener jefes ni horarios. Y no he necesitado ganar la lotería o crear un negocio de millones de euros para conseguirlo. Ni siquiera he necesitado ganar mucho más dinero que la media de los trabajadores de España. Simplemente puedo vivir así porque es lo que he querido hacer y aprendí que yo puedo controlar lo que realmente quiero hacer con mi vida sin depender de las decisiones de otros. Por esto quería recopilar en un libro muchas de las cosas que he ido aprendiendo a lo largo de mi vida que me han permitido trabajar por mi cuenta sin jefes ni horarios, teniendo más libertad y más tiempo para mí y para las personas que quiero. De esta forma puedo ayudar a mucha gente a ahorrar tiempo, dinero y a poder vivir la vida que quiera cada uno. Pero antes de que sigas tengo que recomendarte varios libros. *"Sapiens"* de Yuval Noah Harari, *"La jornada laboral de cuatro horas"* de Tim Ferris, *"El código del dinero"* de Raimon Samsó, *"Darwin en el supermercado"* de Mark Nelissen y *"Fuera de serie: Por qué unas personas tienen éxito y otras no"* de Malcolm Gladwell. Si aún no los has leído te aconsejo que los leas antes de seguir. Por último tengo que decirte que este libro no es mío, este libro no lo escrito solo yo, este libro lo han escrito todas esas personas que me han influenciado en algún momento de la vida. Mis padres, mis amigos, conocidos, autores de otros libros, creadores de podcasts, blogs, vídeos y tantos y tantos creadores de contenido que han marcado parte de mis pensamientos. Sí, yo he ordenado mis ideas y le he dado mi toque y experiencia personal pero todo lo que yo sé es gracias a otros y todo esto es lo que he recopilado en este libro.

Esto cambió mi vida

Todo comenzó cuando tenía 16 años, exactamente el verano de 1998. Estaba de vacaciones y como ya había hecho el año anterior, me disponía a coger el autobús para acercarme a una gasolinera a las afueras de Majadahonda, un pueblo cerca de Madrid, en la que vendíamos cupones de la Cruz Roja para el sorteo del Oro. Además de ayudar con las ventas a la Cruz Roja, nos sacábamos un dinerillo que venía muy bien para el verano. Las ventas iban viento en popa pero de repente empecé a sentirme cansado, muy cansado. Poco a poco el cansancio se apoderó de mí, se lo comenté a mi amigo Iñaki y decidimos coger un autobús de vuelta. El trayecto era de unos 20 minutos. Recuerdo que me apoyaba en el asiento delantero del autobús mientras Iñaki me decía que llegaríamos pronto. Bajaba la cabeza para que el tiempo pasara más rápido. Por fin llegué a casa y se lo comenté a mi madre que me dijo que me subiera a la cama a descansar y dormir. Pero algo no iba bien... No recuerdo muy bien por qué pero mi madre me preparó la habitación de invitados con una cama más grande, subí y me quedé dormido. A partir de aquí solo recuerdo imágenes fugaces en las que me bajaban por las escaleras, me subían a una camilla y me metían en una ambulancia. Recuerdo también el sonido de la ambulancia y que las personas que iban conmigo me hablaban para que no me durmiera. Recuerdo llegar al hospital, que me tumbaron y que me pusieron boca abajo para clavarme una aguja en la espalda. La verdad que no me dolió porque me encontraba prácticamente inconsciente. Quizás totalmente inconsciente. El siguiente recuerdo que tengo es cuando me desperté en la cama de la UCI. También recuerdo que tenía una sonda muy incómoda que no sabía cómo habían puesto... y varias agujas en mis brazos. Allí estuve dos o tres días hasta que subieron a una habitación. Además, ¡estaba super gordo! No sé cuantos kilos había cogido, estaba muy hinchado. Me había administrado varios medicamentos (no recuerdo si penicilina, cortisona o algo así). Ahora podía jugar al Rugby sin problemas. A los pocos días volví a mi peso original. Estuve 10 días en el hospital y me visitaron muchos amigos y familiares. En esos momentos agradeces que la gente se pase por el hospital para saludarte. No me quedó ninguna secuela, bueno, un par de manchitas en la planta del pie que me recuerdan la suerte que tuve. Siempre estaré eternamente agradecido a todos los médicos del hospital Puerta de Hierro y todas las personas implicadas que me salvaron la vida. Sin duda fueron momentos muy duros para mis padres, amigos y familiares. Algunos amigos y vecinos sé que se sometieron a la prueba de la meningitis y creo que tomaron algunas pastillas como medida de prevención. Muchos años después aquí seguimos, tratando de aprovechar y disfrutar la vida al máximo. No sé hasta qué punto esto cambió el rumbo de mi vida y las decisiones que he ido tomando, pero sí sé que es algo que me ayudó a valorar mucho más la vida y a saber que no estaremos en este mundo para siempre. Esto fue lo que conté cuando la Asociación Española contra la Meningitis me pidió que contara mi historia para su web y creo que resume muy bien todo lo sucedido durante aquellos días.

El segundo evento que marcó mi vida sucedió en 2016. Me levanté una mañana más como un si fuera un día de trabajo cualquiera, pero había algo en mi estomago que llevaba ya tiempo advirtiéndome de que algo iba mal. Ese día me iban a despedir y sería el día que marcaría un antes y un después en mi etapa como emprendedor. ¿Te has preguntado alguna vez por qué unas personas tienen éxito y otras no? ¿Por qué unas personas son felices y otras no? ¿Por qué unas personas consiguen cosas que parecen imposibles? Seguramente se te hayan presentado situaciones en las que inexplicablemente y ante una misma situación una persona es ascendida en su trabajo y otra no, una persona gana más dinero y otra menos o una persona tiene éxito y otra no haciendo prácticamente lo mismo. Esa misma pregunta me la hice yo esa mañana y cuando necesitaba buscar una respuesta que me ayudara a conseguir el éxito tanto personal como profesional el destino me ofreció una nueva oportunidad. Unos años después y tras investigar, leer, preguntar y juntarme con grandes expertos reconocidos en sus campos, descubrí que la diferencia entre estas personas se encuentra en los pequeños detalles que pasan desapercibidos a primera vista.

Este libro recopila los secretos del otro éxito. Esos detalles que en muchas ocasiones solo detecta nuestro subconsciente y que si nadie nos los dice no podremos descubrir para aplicarlos nosotros mismos. Todo ese conocimiento se basa en estudios recopilados a lo largo del tiempo y publicado en infinidad de libros que han inspirado a muchos personajes de éxito. También, como no, te cuento mi experiencia personal poniendo en práctica muchas de esas técnicas. Y ya te adelanto una cosa. Si en algo están de acuerdo todas las personas de éxito es que es imposible alcanzar el éxito sin ayudar de otras personas. Aprendemos todo lo que sabemos gracias al conocimiento que otros ponen a nuestra disposición. Nuestros padres, los libros que leemos, los documentales que vemos, la sociedad, los amigos, los profesores, los médicos… Todos hacen que tengamos el conocimiento que tenemos y sin ellos no seriamos nada. Pero a la vez tenemos que tener mucho cuidado con dejar de tomar nuestras propias decisiones. Y vamos con una segunda perla. Ninguno de estos secretos que vamos a ir adquiriendo a lo largo de este libro funcionan si no se aplican. Leer y no tomar acción no sirve de nada. Y este es uno de los mayores problemas al que me enfrento cuando trato de enseñar algunas de las cosas que voy aprendiendo. Muchos de estos secretos puedes pensar que no pueden funcionar o que no tienen sentido. En muchos casos parecen ilógicos. Te invito que dejes de lado tus prejuicios y los pongas en práctica antes de tomar decisiones precipitadas. En algunas ocasiones te explicaré por qué funcionan pero no seré yo quien realice los estudios científicos pertinentes. Ni siquiera tienes que hacer caso a la ciencia. Deberás hacer caso a los hechos y a las estadísticas. Pero sobre todo serás tú el que decida si funcionan o no tras aplicarlos. Conocer estos secretos te dará una ventaja increíble. Ahora te toca a ti ser una persona de éxito. Ahora te toca a ti ser uno de ellos. Puedo decir que este libro es una guía para la vida. Un libro que te ayudará a tomar mejores decisiones y a ver que se pueden conseguir cosas increíbles y tener el control de nuestra vida para ser más felices. No soy la persona más feliz del planeta, pero sí sé que la felicidad está en el camino y que voy caminando paso a paso cada día. Y eso no quiere decir que tenga que sentirme feliz siempre. Hay momentos en los que mi mente gana y doy más importancia a las cosas que no debería y que me hacen infeliz. Es así. Pero también trato de localizar esos momentos lo antes posible para tomar el control. La vida es un camino con final y en ese momento volveremos al punto donde estábamos antes de nacer, pero tenemos la obligación de aprovechar al máximo este tiempo porque la otra opción no es válida. ¿Me acompañas en el camino?

De nuevo insisto en que no te creas nada de lo que digo en este libro. Trata de investigar por tu cuenta y sacar tus propias conclusiones. Tan solo quiero compartir mi experiencia y lo que he aprendido en estos años. Hoy puedo creer de una forma y mañana de otra completamente distinta. Y no es que sea un chaquetero de mis ideas, si no que tengo la capacidad de avanzar y aceptar cuando me equivoco. O al menos es lo que intento. Eso sí, no trates de juzgar mis palabras y pensar que en unas cosas estoy equivocado y en otras no para que tu cerebro busque cosas con las que estar de acuerdo y cosas con las que no. Creo que sería un error. Simplemente plantea lo que lees como otra opción más. La vida no es como ser de un equipo de fútbol. En la vida debemos cambiar y aprender para avanzar. Cambiar es de sabios. Cambiar es de humanos. Cambiar es de personas que piensan y quieren ser felices.

Qué es el éxito

No podía dejar pasar esta oportunidad para darte mi definición de éxito. El éxito es el camino por el que se consigue estar en paz con uno mismo y uno se siente feliz. Y para ser feliz el mejor sistema es ayudar a otras personas y a uno mismo. ¿Esta definición se ajusta a lo que para ti es el éxito? Y si es así, ¿crees que es el éxito que nos venden? Tú ya eres una persona exitosa pero posiblemente aún no lo sepas. El éxito está en nuestra mente. Y es que el éxito es un concepto muy ambiguo que tiene un significado distinto para cada uno. Mientras que para unos implica tener suficiente dinero como para comprarse un yate, para otros es simplemente un estado emocional con el que se sienten satisfechos en todos los aspectos. Para mí es un camino. No es un fin. Mientras seas feliz y luches por aquello que quieres te considero una persona con éxito. Tendremos más o menos éxito dependiendo de cada momento de nuestra vida pero sin duda es algo interno. Para Paul Dolan, un científico especializado en éxito y felicidad, la definición tradicional de éxito ya no es válida. Según sus estudios las mujeres sin hijos y solteras son el sector de población más feliz. Sin embargo para el caso de los hombres, si quieren ser más felices y exitosos deberían casarse. Además, las mujeres solteras sin hijos viven más, lo contrario que los hombres. No obstante también avisó que para muchas mujeres existe una carga emocional impuesta por la cultura y la sociedad que afecta de forma directa si no tienen hijos ni están casadas, no permitiéndolas ser felices.

Y es que para mí el éxito debe centrarse en cuatro puntos clave principalmente. Primero conseguir valorar, disfrutar y aumentar el recursos más valioso, el tiempo. Segundo, mejorar nuestras relaciones con otras personas y hacerlas de mayor calidad. Tercero, conseguir el dinero necesario para no pasar apuros económicos a través de una buena gestión financiera y sabiendo qué necesitamos exactamente para ser felices. Y cuarto, mantener la energía necesaria en el proceso a través de una buena alimentación, un buen trabajo de preparación mental y manteniendo una buena salud principalmente gracias al ejercicio físico.

Qué es el otro éxito

El verdadero éxito, el otro éxito, no está en el reconocimiento de otros, si no en el reconocimiento de uno mismo. Por tanto las personas que la sociedad considera exitosas como Bill Gates, Henry Ford, Steve Jobs o Amancio Ortega no tienen porque ser personas de éxito. Habría que preguntar a cada uno si realmente se consideran personas de éxito gracias a esta nueva definición. El otro éxito es lo que vas a descubrir a lo largo del libro y lo que deberás descubrir por ti mismo después de leerlo. El éxito es estar en paz con uno mismo y al ser un proceso totalmente interno, podemos alcanzar el otro éxito ahora mismo si somos capaces de tocar las teclas que activan estos pensamientos. Hay cosas que solo con pensarlas nos dificultan la posibilidad de alcanzar esa paz. No tener dinero suficiente para vivir, gente que nos critica constantemente, realizar tareas rutinarias que no nos aportan nada en nuestra vida, trabajar en algo que no nos gusta o no tener libertad. Todo esto hace que ese trabajo mental dificulte la opción de alcanzar "el otro éxito". Debes detectar esos problemas, empezar a trabajarlos y buscar soluciones. En muchas ocasiones tenemos la solución más cerca de lo que pensábamos. En mi caso tenía una creencia limitante que me hacía pensar que vivir en la playa y trabajar desde casa era solo cosa de ricos y ni siquiera lo consideraba como posibilidad en mis sueños por verlo imposible. No me podía imaginar que una persona como yo pudiera generar un buen sueldo trabajando a través de Internet y más sabiendo que había probado ya multitud de formas para ganar dinero online y lo máximo que había conseguido tras invertir cientos de horas era entre 200 y 300€ al mes. Si en algún momento se pasaba por mi cabeza la opción de vivir en la playa me resultaba algo completamente fuera de mis posibilidades y al alcance solo de los multimillonarios o de las personas que hubieran nacido y vivido allí desde pequeños. Pero como ya te puedes imaginar todo eso estaba únicamente en mi mente. La realidad era otra y tardé años en darme cuenta de ello. Trabajé mis creencias limitantes y hoy estoy viviendo y trabajando en la playa. Hay gente con muchos menos ingresos que son capaces de vivir en una playa paradisiaca y ser felices. Mis miedos, la sociedad y mis creencias no me dejaron ver una realidad que estaba ahí fuera y que yo podía conseguir con los medios de los que disponía. Y es que si en tu mente no eres capaz de plantearte algo que para ti no existe y desconoces no podrás conseguirlo nunca. Imagina que el ser humano tuviera la capacidad de teletransportarse a distintos planetas en otras Galaxias pero no lo supiéramos o incluso se nos ocultara. Es algo que desconoces y por tanto no te lo podrías plantear como una opción y menos como meta. Conozco gente que tiene el sueño de vivir en la playa con suficientes recursos para conseguirlo de forma inmediata pero que sus creencias limitantes como las que yo tenía les hacen no plantearse ni siquiera la posibilidad y se conforman con ir 15 días al año de vacaciones a la playa. Quien dice playa dice montaña, pueblo o cualquier paraíso que te puedas imaginar. El escritor británico Rudyard Kipling solía decir *"Trata al éxito y el fracaso como lo que son, dos impostores"*. Y es que todo se centra en el tiempo. El tiempo es el mayor de los recursos de los que disponemos y de momento, mientras no consigamos ser inmortales, seguirá siendo así. Incluso cuando consigamos ser inmortales el tiempo también será el recurso más importante. Darse cuenta de esto es fundamental para conseguir el otro éxito. Si durante todas las acciones que realizamos en nuestro día a día tuviéramos en mente que nuestro tiempo se acaba, estoy convencido de que no haríamos muchas de las cosas que hacemos y miraríamos el mundo con otros ojos, valorando más cada segundo, cada respiración, cada sentimiento, cada momento. Y para conseguir todo esto necesitaremos empezar por algún sitio. Lo bueno es que ahora mismo tienes la posibilidad de hacerlo. Eso sí, el orden de los pasos que das para conseguirlo es importante. Mucha gente empieza al revés, buscando el dinero fácil y rápido en un primer momento, creyendo que por ahí empieza la felicidad y el éxito. Pero hay un problema. El tiempo es relativo. El tiempo es una convención del ser humano. El tiempo en realidad no existe. Durante los próximos días voy a retar tus pensamientos para acercarte hacia "el otro éxito". ¿Te atreves?

Para probar ahora

Mira a tu alrededor. ¿Qué ves? Siente tu cuerpo, la temperatura en tu piel, el roce de tu ropa, escucha a tu alrededor, presta atención a los pájaros y los coches. Respira profundamente.

DÍA 1: AUMENTANDO TU ENERGÍA

Cuenta la historia que un niño hace muchos años fue al circo con su padre. El niño disfrutó de un gran espectáculo y le encantó contemplar la increíble fuerza del elefante. Al salir del circo le dejaron dar un paseo por la zona en la que estaban todos los animales y se fijó en que el elefante que tanto le había impresionado estaba atado a una fina cadena que si se lo proponía estaba seguro sería capaz de romper y podría así escaparse. El niño le preguntó a su padre cómo era posible que el elefante no se hubiera escapado ya. El padre le miró con entusiasmo y le dijo: "Hijo, posiblemente el elefante ha estado atado a esa cadena desde pequeño. Seguramente cuando era pequeño lo intentó durante mucho tiempo y no pudo escapar para poder jugar libremente. Ese pensamiento de que no podía escapar por mucho que lo intentara se ha quedado en su memoria y nunca más lo volvió a intentar". El niño le volvió a preguntar al padre que qué pasaría si el elefante se asustara por un incendio o un grito y saliera corriendo. El padre le dijo que en ese caso es posible que rompiera la cadena y se escapara.

Esta historia resumida y alterada que leí en el libro *"Déjame que te cuente"* de Jorge Bucay sin duda me sorprendió y me hizo cuestionarme el número de pensamientos y creencias limitantes que tenemos y que ni siquiera nos hemos cuestionado. En muchas ocasiones hasta que no pasa un acontecimiento externo no nos damos cuenta de nuestro poder. Existe además un experimento/fábula con monos que nos sitúa a un nivel similar.

Varios científicos juntaron a un grupo de cinco monos en una jaula con una escalera y al final de la misma pusieron unos cuentos jugosos plátanos. En el momento en el que uno de los monos subía a coger los plátanos los científicos rociaban con un chorro de agua al resto de monos que se quedaban abajo por lo que los monos empezaron a disuadirse entre ellos y a dar una paliza a todo mono que intentaba subir por la escalera para coger los plátanos, incluso antes de recibir el chorro de agua. Los científicos vieron que los monos habían aprendido la lección y ya no tenían que lanzarles un chorro de agua para que estos no dejaran subir a ninguno de los monos más impetuosos. Poco después, los científicos empezaron a sustituir a los monos uno a uno. Los monos nuevos al ver los plátanos intentaba subir por ellos y el resto no les dejaban, dando una paliza a todo el que lo intentaba. Finalmente no quedó ninguno de los viejos monos que habían experimentado el chorro de agua pero igualmente si un mono intentaba subir por las escaleras en algún momento para coger los plátanos el resto se lo impedía. Los monos en realidad habían adquirido un hábito y actuaban así porque siempre se había hecho así, sin cuestionarse la razón. Sin duda con esta historia podemos aprender muchas cosas pero lo más importante está en cuestionarnos todo lo que hacemos, cuanto más interiorizado lo tengamos mejor. ¿Qué te está limitando? Tenemos mucha energía dentro de nosotros que podemos liberar. Debemos darnos cuenta de ello. Tenemos que liberarnos de esas cadenas y de esos pensamientos y creencias limitantes de los que ni siquiera somos conscientes. Ha llegado el momento de desencadenar tu energía.

Sin energía no eres nada

Necesitamos que llegue un momento en el que nos demos cuenta y procesemos lo que sabemos para hacer algo con esta información. Si no tienes energía no puedes hacer nada. Para ello voy a darte una serie de trucos para activar tu cuerpo con los que verás resultados rápidamente. Con algunos trucos podrás ver resultados tras aplicarlos en unos minutos o incluso de forma inmediata como por ejemplo terminar tus duchas con agua fría. Puedes empezar por las piernas las primeras veces para poco a poco acabar con todo el cuerpo. El agua fría reactiva tu circulación y esto hace que te sientas mejor y con más energía. Imagina que ahora mismo estás en tu lugar favorito haciendo algo que te gusta. Puede ser un sitio inventado. Un parque de atracciones increíble, un parque acuático con toboganes interminables, una estación de esquí con miles de kilómetros, un museo, una reunión secreta junto a tus artistas, cantantes, deportistas o actores favoritos, besando a esa persona que siempre quisiste besar, poniendo un pie en Marte, estando en una playa para bucear con miles de peces y un agua cristalina... ¿Crees que disfrutarías la experiencia? Seguramente tratarías de disfrutar al máximo ese lugar de ensueño haciendo eso que tanto te gusta. Si haces lo que te apasiona y te emocionas cada día con ello tu nivel de energía se multiplica automáticamente. Para entender de una forma más sencilla si realmente algo funciona o no me gusta usar una técnica muy sencilla que consiste en irse a un extremo de la situación para así tomar perspectiva de nuestra situación actual. Es decir, en este caso podría preguntarme: "¿Manteniendo el resto de factores por igual, tendría más energía si estoy haciendo algo que odio o algo que me encanta?". La respuesta está clara y por eso es tan importante que hagas lo que realmente te apasiona y luches por acercarte cada día a ese propósito. Y es que no es lo mismo que te llamen a las cuatro de la mañana porque tienes que ir a recoger a tu jefe al aeropuerto que está a más de una hora de tu casa, que que te llame el amor de tu vida para que la recojas del aeropuerto a las cuatro de la mañana. El acto es el mismo pero tu actitud y tu energía cambian por completo.

La alimentación, tu salud, tus genes, tu forma de vida, tu ciudad..., todo afecta a tu nivel de energía, pero hacer lo que te apasiona hace que esa energía oculta que está dentro de ti salga. Nuestra mente juega un papel colosal con respecto a nuestro nivel de energía. Un claro ejemplo lo vemos en personas deprimidas que pueden alimentarse de forma correcta y tener todo lo necesario para realizar cualquier actividad pero su mente se lo impide. Por tanto, aunque dedicaré un capítulo completo a la mente, es importante que empieces a darte cuenta de esto. No obstante, si no tenemos una alimentación adecuada, si no realizamos ejercicio físico o si no tenemos relaciones sanas, poder sacar esa energía interna que tenemos será mucho más complicado y difícil de mantener en el tiempo. Por otra parte somos nosotros mismos los que mejor nos conocemos. Estar atentos a esas reacciones de nuestro cuerpo, a esas acciones que nos dan o nos quitan energía nos permitirá alcanzar nuestros niveles máximos de rendimiento y energía.

Para probar ahora

Piensa qué te apasiona realmente. Escribe 10 cosas que te gustaría estar haciendo ahora mismo en lugar de leer este libro.

Cuida tu alimentación

Normalmente para ver resultados necesitamos invertir muchas horas o años para saber si un método funciona realmente. A la hora de emprender, cuando quieres ponerte en forma o cuando quieres aprender a tocar el piano se ve fácilmente. No es lo mismo aprender a tocar el piano tú solo que siguiendo un curso de un profesional o si el mejor pianista del mundo te da unas cuantas clases magistrales. Con muchas cosas importantes en la vida pasa exactamente lo mismo. Pero para el caso de la alimentación esto no es así. Podemos ver resultados prácticamente de inmediato. Si te tomas una bebida energética o un café tu corazón se acelera de forma inmediata. Si te tomas una infusión con valeriana te entrará sueño tras unos pocos minutos. Si te tomas un antiinflamatorio tus dolores empezarán a desaparecer rápidamente. El impacto de la alimentación se ve en el cuerpo de forma directa. Imagínate cómo afecta esto a medio o largo plazo. Por eso es importante cuidar y saber elegir los alimentos que consumimos, tratando de elegir siempre alimentos locales y con distintivo ECO. En este libro no voy a enseñarte qué alimentos, en qué cantidades o en qué momento debes comer para conseguir más energía y mejorar tu salud, pero sí quiero que te des cuenta de su importancia. Hay excelentes libros que tratan el tema. *"Come comida real: Una guía para transformar tu alimentación y tu salud"* de Carlos Ríos, *"Fitness revolucionario: Lecciones ancestrales para una salud salvaje"* de Marcos Vázquez o *"En boca de todos"* de Juan Llorca y Melisa Gómez son algunos libros que deberías haber leído ya. Te puedo decir que la mayor parte de los alimentos saludables son "alimentos sin etiqueta de ingredientes". Así de simple. Todo lo que está envuelto en un plástico no suele ser una buena opción. Nos cuesta comer sano aunque sepamos que las galletas, la bollería industrial, el pan con harinas refinadas y el resto de productos ultraprocesados no sean buenos para nosotros. Buscamos excusas de todo tipo y en muchas ocasiones no nos paramos a ver qué estamos comiendo realmente. "De algo hay que morir", "es que todo es malo" o "no voy a ponerme a mirar los ingredientes de todos los alimentos" son algunas de las excusas que nos ponemos. Y como nos conocemos y sabemos que pecamos en este aspecto, podemos utilizar algunos trucos para prevenir nuestro comportamiento innato en el ser humano. ¿Crees que necesita comer lo mismo un deportista de élite que un conductor que pasa ocho horas sentado al volante? o, ¿crees que en ambos casos deben comer tres veces al día? Y si diferenciamos por edad, ¿crees que un niño debe comer lo mismo que un adulto? ¿Debería comer los mismos alimentos una persona que tiene sobrepeso que una que no? Las respuestas son claras. Cada persona en cada momento de la vida necesita un tipo de alimentación y comer más o menos cantidad dependiendo de nuestra actividad. Por tanto leer sobre dietas genéricas no sirve de mucho. Aquí es donde un profesional puede ayudarnos a elegir la mejor alimentación para cada uno.

La pirámide nutricional tradicional centra la base alimentaria en carbohidratos como cereales, pasta, fruta… Sin embargo hay mucho más detrás de estas recomendaciones alimentarias. Grandes empresas se han ocupado de dar prioridad a unos alimentos frente a otros. Por suerte, la ciencia y cada vez más estudios independientes van desechando creencias o mitos que han convivido con nosotros durante años. Por ejemplo, creer que en el desayuno debemos comer dulces, cereales, leche o galletas. En realidad, el desayuno no debería ser una comida distinta de cualquier otra. Busca en Google *"pirámide nutricional"*. Según la pirámide alimentaria tradicional el pan, la pastas, los cereales o las harinas que son productos procesados o ultraprocesados se consideran más importantes y deben consumirse más que la carne, los huevos, el pescado o la verdura que son alimentos naturales. ¿Crees que esto es correcto? También puedes buscar en Google *"pirámide alimentos cetogénicos"*, *"pirámide alimentos keto"* o *"pirámide dieta vegetariana"* para ver otras opciones. Los alimentos procesados son aquellos que han sufrido algún cambio con respecto al alimento original. Pueden ser la leche pasteurizada, legumbres en bote que se han precocinado, el queso, el aceite de oliva, etc. Los alimentos ultraprocesados son los productos que han sufrido grandes cambios con respecto a los alimentos originales como por ejemplo la bollería, refrescos, cereales, galletas y que suelen tener componentes añadidos como el azúcar, la sal o distintos aditivos (E-XXX). Cuanto menos consumas este tipo de productos mejor. Por otra parte y sin tener en cuenta personas con diversas enfermedades o trastornos alimenticios, ¿tiene sentido comer si no tienes hambre por el simple hecho de ser la una o las dos de la tarde? No quiero meterme mucho más en este tema porque no es el propósito del libro, por tanto, si te interesa y quieres saber más lee los libros que he mencionado, investiga por tu cuenta, usa el sentido común y sigue a distintos referentes para informarte más. También son importantes las convicciones éticas a la hora de elegir nuestra alimentación. Pero este también es otro tema. Hoy en día existen diversas aplicaciones que nos permiten escasear el código de barras de distintos productos y ver una puntuación en función de la calidad de sus componentes a nivel nutricional y de salud. Sin duda muchas personas personas piensan que no es más que una estrategia de marketing para intentarnos vender los productos que ellos eligen en función de una especie de ranking. Aunque se añaden fuentes y diversos estudios que influyen en la puntuación de cada producto, el poder que pueden llegar a tener estas aplicaciones es muy grande a la hora de motivar la compra o no de ciertos productos. Por otra parte, estas aplicaciones basan su éxito en la confianza y credibilidad de sus recomendaciones. El caso es que más allá de que te gusten más o menos este tipo de aplicaciones, creo que por un lado realizan una función muy importante que nos ayuda a pensar más en la alimentación que estamos teniendo pero por otro nos puede nublar la vista para consumir productos que de por sí no son buenos pero que por el hecho de tener una puntuación menos mala nos creamos que son más saludables. En cualquier caso lo importante es pensar un poco más por nosotros mismos y cuestionar las fuentes que tenemos como fiables en la actualidad para poder tomar mejores decisiones con cada vez más datos.

Para probar esta semana

Si vas al supermercado no compres productos ultraprocesados como por ejemplo chocolate, galletas o cualquier producto que sabes que no deberías comer. Muchos de estos alimentos te afectan de forma directa a tus niveles de energía. Cuando vayas a comprar al supermercado intenta haber comido antes para estar lleno y no tener hambre. De esta forma no estarás tan tentado para comprar alimentos que sabes que no son buenos para ti y así no caerás en tentaciones innecesarias. Puedes buscar sustitutos como copos de avena inflados con un poco de leche de soja, fruta o tiras de zanahoria para calmar tu ansiedad en momentos difíciles. Trata de comer despacio. La aplicación *"Yuka"* o *"MyRealFood"* pueden ayudarte a elegir mejores alimentos pero con cuidado, unas galletas con una puntuación mejor o peor siguen siendo productos ultraprocesados. El primer paso es tener conciencia de lo que estás comiendo y empezar a cuestionarte tus rutinas alimentarias te ayudará a aumentar tus niveles de energía en cuanto empieces a mejorar tu alimentación. Tener buenos hábitos en nuestro día a día puede afectar a nuestra mente y a nuestro cuerpo de forma muy visible.

Descansa mejor

Cuando nos entra sueño es porque nuestro cuerpo nos avisa de que necesita reparar células. Dormir entre en 7 y 8 horas cada día es lo recomendado para poder ser productivos y es la media de tiempo que nuestro cuerpo suele requerir para realizar este proceso de reparación de células y así poder descansar. Pero depende este tiempo depende de cada persona y de la calidad del sueño. También depende de la intensidad de tu día, de la semana, del año, de la temperatura, de nuestro estilo de vida, el nivel de estrés que tengamos, de nuestro hábitos, de la alimentación, de dónde estemos, del tipo de colchón o de la posición que tengamos al dormir y de muchos otros factores. Un día podemos necesitar dormir 6 horas y otro 10. Lo ideal es dejar que el cuerpo decida cuando ha descansado suficiente. Como has visto existen muchos factores que afectan en la calidad de nuestro sueño. Detectarlos y tratar de buscar una solución adecuada es clave si queremos tener la energía suficiente para tener un día productivo. Si no eres capaz de dormir a pierna suelta y te levantas sin energía como si no hubieras dormido te recomiendo que acudas a algún especialista y así puedas analizar las causas para tomar las medidas oportunas. No descansar bien afecta a tu niveles de energía de forma directa y es uno de los requisitos más importantes para poder alcanzar el otro éxito.

Aunque no todo el mundo puede hacerlo por su trabajo, despertarse de forma natural sin usar un despertador es algo que ayuda a dormir mejor ya que elimina el estrés de saber que algo va a despertarte y ayuda a tener un sueño más reparador. Seguro lo has experimentado durante los fines de semana. Nuestro cuerpo está preparado para despertarse poco a poco según van apareciendo los primeros rayos de luz y los pájaros empiezan a piar. Ten en cuenta que el despertador tal y como lo conocemos lo inventó no hace tanto Levi Hutchins en 1787. En una escala evolutiva esto es el presente. Nuestro cuerpo no se ha adaptado aún a un cambio tan grande en nuestra forma de descanso que implica romper de forma drástica con el sueño independientemente de la fase del mismo en la que estemos. Y esta forma de ruptura de sueño el cuerpo la asocia a una situación de peligro en la que te despiertas de forma premeditada por un incendio o cualquier situación dramática. Por tanto, realizar este simple acto cada día hace que nuestro descanso no sea tan reparador. En la actualidad existen aplicaciones para móvil que permiten configurar una alarma progresiva con sonidos de la naturaleza que harán que tu despertar sea más natural. Puedes también experimentar el sueño polifásico, es decir, dormir dos o tres veces al día durante periodos de entre 15 y 20 minutos. Esto es básicamente echarte una siesta. Existen numerosos estudios que avalan sus beneficios. También es importante que al menos 30 minutos antes de dormir dejes de usar el móvil y es conveniente ponerlo en modo vuelo para evitar distracciones. Durmiendo mejor vas a aumentar tu memoria, tu productividad, tu felicidad, el brillo de tu cara, tus relaciones sociales, tus resultados y tu éxito. Trata de cenar suave y hacerlo unas dos o tres horas antes de dormir y evita alimentos pesados. Si cenas y te vas a dormir directamente tu estómago empezará a realizar la digestión tumbado y esto dificulta el proceso. Además tendrás un peor descanso y en muchos casos tendrás pesadillas. Trata de dormir boca arriba y usa una almohada ergonómica y un buen colchón. Hay gente que busca excusas para aplicar algunos de estos consejos para mejorar la calidad del sueño pero dormir bien es una de las cosas más importantes de nuestra vida de la que dependen muchas otras cosas. Si no tienes un sueño reparador ni te levantas con energía es muy probable que no puedas tener un buen equilibrio en tu vida.

Para probar hoy

Si antes de dormirte y en el momento de levantarte lo primero que haces es mirar el móvil deja de hacerlo desde hoy mismo. Hacer esto implica que tus brazos se posicionan de una forma que provoca cansancio en tus músculos, la luz del móvil interfiere en la calidad del sueño y al despertarte tu foco en el día empieza condicionado por lo que te dicen otros y no por lo que tú quieres hacer.

Haz deporte

Levanta las manos con gesto de éxito, celebración y de haber alcanzado tus objetivos cada mañana al despertarte. En realidad estar vivo y tener todo un día por delante es un éxito. También puedes usarlo por ejemplo antes de una entrevista de trabajo, antes de un partido de fútbol o antes de dar una conferencia. Parece mentira pero algunos movimientos físicos deliberados hacen que nuestro nivel de energía aumente y además nos sintamos más felices. Levantar las manos y celebrar tu éxito antes de conseguirlo puede ayudarnos a alcanzar nuestras metas. Este simple acto al igual que saltar durante unos minutos, aumenta los niveles de endorfinas en el cuerpo que harán que te sientas más seguro y mejor contigo mismo. Al visualizar e imaginarse cómo te sentirás tras conseguir lo que te has propuesto, tu cerebro puede tomar decisiones más acertadas para alcanzar esos objetivos. Visualiza por tanto cómo te sentirás tras conseguir ganar un millón de euros, tras encontrar a la pareja de tus sueños, tras comprar la casa de tus sueños o tras conseguir el trabajo que siempre quisiste. Además de empezar a degustar esos sentimientos, es un ejercicio extraordinario para empezar a dar el primer paso para conseguirlo.

Correr, saltar, jugar al fútbol, al padel, hacer surf, kitesurf, bailar, caminar, subir escaleras… Lo importante es moverse y sudar para liberar endorfinas que son las hormonas que hacen que nos sintamos felices, además de ayudarnos a superar metas y aumentar nuestra capacidad de sufrimiento. Hay estudios que indican que hacer ejercicio en pareja aumentan los niveles de endorfinas en el cuerpo junto a la testosterona y esto hace que se mejore el desarrollo muscular. De vez en cuando salgo a correr sin mi teléfono móvil por bosques o caminos que no conozco para retar en cierto modo a mi mente. Intento hacerlo por la mañana pero hay veces que salgo a correr a última hora y me pierdo durante horas sin encontrarme con nadie y sin saber exactamente por dónde volver. Es toda una experiencia y te recomiendo que lo hagas de vez en cuando de forma controlada. Cuando haces deporte debes hacerlo focalizado y concentrado al máximo y debe ser un momento de disfrute para ti por lo que evita distracciones. También te recomiendo investigar sobre el ejercicio de alta intensidad que te permite realizar ejercicio de una forma focalizada durante solo 15 minutos cada día con unos resultados extraordinarios. Puedes leer el libro *"Mente de ejecutivo, cuerpo de atleta"* de José Ramón Iracheta con el que aprenderás muchas cosas relacionadas con la alimentación, la salud y el ejercicio. Muchas de estas ideas posiblemente ya te suenen y las hayas intentado poner en práctica. Lo realmente difícil es incorporarlas como hábitos a nuestra rutina diaria. Comer sano, descansar mejor, hacer ejercicio todos los días. ¿Cómo puedo incorporar todo esto a mi día a día sin abandonar en menos de una semana? Algo que funciona muy bien es comprometerte con alguien más. Puedes regalar este libro a una o varias personas cercanas para que lo leáis a la vez y tengáis en vuestra cabeza todas estas ideas de forma que sea más fácil ponerlas en práctica. El poder de los grupos es enorme. En el siguiente capítulo te contaré más técnicas para poder implementar varios hábitos a tu día a día de una forma fácil, rápida y sencilla.

Para probar ahora

Levanta tus manos, cierra los puños y realiza gestos de celebración durante dos minutos. ¿Te sientes raro y algo estúpido? Acercarte a "el otro éxito" requiere superar este tipo de miedos y creencias. Estos sentimientos negativos se apoderan de nosotros cuando nos importa demasiado lo que los demás opinen de nosotros.

Busca tu motivación

Es un domingo de esos apáticos y lluviosos en los que no te apetece hacer nada. Estás sin energía y como cansado tumbado en el sofá viendo la televisión. De repente te llama tu mejor amigo y te dice: "¡Me acaba de tocar un viaje a Australia para dos personas con todos los gastos pagados, salimos mañana! ¡Prepara las maletas!". Es el destino que siempre habías soñado y estás de vacaciones. ¿Cómo crees que afectará esto a tu energía? Hace un momento no tenías energía y no te apetecía ni levantarte del sofá y un minuto después estás completamente eufórico preparando el viaje de tus sueños. La motivación es una de las razones por las que hay gente que tiene más energía en su día a día que otra. Saber encontrar esa motivación que te obligue a actuar y levantarte con la mejor de tus sonrisas es uno de los factores más importantes si quieres despertar esa energía oculta que tienes dentro de ti. Y para encontrar esa motivación necesitas que todas las acciones que hagas y detectes te lleven a cumplir uno o varios propósitos más grandes que uno mismo. La música ayuda en el proceso.

Para probar ahora

Escribe diez ideas que te permitan identificar esos propósitos y objetivos que puedes tener en tu vida. Cada vez que no te apetezca hacer algo solo tienes que pensar y revisar esos propósitos para generar esa energía inicial que necesitas. También ponerte esa canción que tanto te motiva.

DÍA 2: CONTROLANDO TU MENTE

Existe una historia bastante conocida de la aviación británica que sucedió durante la Segunda Guerra Mundial. Querían reforzar los aviones que volvían a la base. 9 de cada 10 aviones regresaban y por tanto con cada ataque perdían a uno de sus aviones y a sus ocupantes. Al volver los aviones revisaban las zonas con más agujeros de bala y reforzaban esas áreas para evitar así que los aviones cayeran. Un día el estadista Abraham Wald sugirió hacer justo lo contrario, reforzar el resto de las zonas sin agujeros de balas. ¿Por qué? A primera vista suena algo ilógico, pero en realidad no se estaban teniendo en cuenta los datos importantes, es decir, los aviones que no regresaban y de los que no se tenía información a priori. Los aviones que regresaban con agujeros de bala indicaban en realidad que habían sido capaces de regresar y por tanto las zonas con agujeros de bala no eran las partes que debían reforzarse. Se debían reforzar esas partes que hacían que los aviones cayeran derribados.

Eso es exactamente lo que nos pasa cuando queremos cambiar cosas de nuestra vida que no nos hacen sentir bien. Queremos cambiar pequeñas cosas cuando el problema es que dejamos de lado nuestras creencias más profundas que moldean todas nuestras decisiones y que ni siquiera nos planteamos cambiar porque consideramos que son así y es lo que siempre hemos creído. Porque si no somos lo que creemos, ¿quiénes somos entonces? Comer tres o cinco veces al día, tener que trabajar, creer en Dios, tener que ir de vacaciones, dormir 8 horas al día por la noche… ¿Realmente todo eso que hacemos en nuestra vida sin pensar tiene que ser realmente así o lo tenemos tan interiorizado que si alguien nos dice lo contrario o que hay otras opciones lo tratamos por loco? Para empezar solo debes preguntarte por qué piensas lo que piensas. Piensas como piensas porque tus padres te han enseñado tanto directa como indirectamente que pienses y creas lo que crees. Y a ellos fueron sus padres los que les enseñaron de igual forma. Pero no tienes por qué dejar de creer en todo lo que crees. Ni mucho menos. Lo importante es saber que todas tus creencias están basadas en gran medida en las opiniones de otros, tanto por parte de nuestros padres, amigos, conocidos como por temas culturales, genéticos o sociales. Solo cuestionárselo y saberlo es importante para luego investigar y decidir si realmente queremos y debemos creer y pensar como lo hacemos. Pregúntate por qué otras personas, sobre todo de otras culturas y países lejanos al tuyo, creen y piensan de una forma muy distinta a la tuya. En la mayoría de los casos no es porque tengan menos cultura o inteligencia que tú. Existen países como la India o Tailandia en los que comer insectos es algo normal, otros como China donde escupir, eructar o hurgarse en la nariz no está mal visto y otros en los que darse un beso en público implica pena de cárcel. Existen más de 4.000 religiones en el mundo y cada vez más personas son ateas. ¿Por qué tus creencias son las correctas? Debemos asumir que si hubiéramos sido una de esas otras personas creeríamos exactamente igual que ellos. De hecho, serías esa persona. Lo bueno es que hoy en día este tipo de pensamientos están al alcance de todo el mundo y cada vez somos más libres para elegir, sin la censura de un rey supremo o de un gobierno autoritario, que queremos pensar o creer. Y es cuando has valorado otras opciones y cuando has investigado por qué crees y piensas como lo haces cuando empiezas a crearte verdaderamente a ti mismo y a ser más libre. Es en ese momento cuando empiezas a romper las creencias establecidas y a elegir de una forma más sabia. El problema es que a nuestro cerebro no le importa si somos felices o libres. Lo único que le importa es sobrevivir y engendrar descendientes. Pararse a pensar todas estas cuestiones consume mucha energía y además en muchos casos implica confrontar nuestras nuevas creencias con las del resto de la sociedad, incluyendo amigos, familiares y conocidos. Si un niño le dice a sus padres que solo quiere comer una vez al día, sus padres consideran que sus creencias son superiores y ni si quiera se plantearán la posibilidad de preguntarse si tiene o no sentido lo que se cuestiona el niño.

Todo empieza en tus pensamientos

Si cambias tus pensamientos cambias tus emociones, si cambias tus emociones cambias tu actitud, si cambias tu actitud cambian tus acciones, si cambias tus acciones cambian tus resultados, si cambias tus resultados cambias tu vida.

Se trata de una frase en principio original de Stephen Crane que he adaptado un poco. Tu cerebro va a intentar engañarte para que no cambies tus hábitos y creencias de siempre. Por eso nuestros pensamientos son tan poderosos si los reeducamos de forma correcta. Imagina que cuando comes chocolate te sienta mal al estómago, no te deja dormir bien y te gustaría eliminarlo de tu dieta. Es muy posible que te cueste mucho trabajo, incluso es probable que tu cerebro busque por ti excusas para no hacerlo. Tú sabes que no es bueno para ti, que cuando empiezas a comerlo quieres más y más y pierdes el control. Decidir que no vas a comer más chocolate o decidir comer como máximo una onza al día es fácil. Ponerlo en práctica no. En el momento de cortar esa onza diaria o en el momento de estar en el supermercado y decidir si comprarlo o no, tu cerebro tratará por todos los medios de buscar justificaciones para que mantener tu hábito adictivo. Te dirás a ti mismo cosas como: "no es tan malo", "si no puedo comer chocolate con lo que me gusta entonces no voy a poder disfrutar de la vida", "me merezco un capricho después de trabajar tanto", "hay cosas mucho peores que el chocolate", "he leído que el chocolate es bueno" o "nadie tiene que decirme que tengo que hacer con mi cuerpo". Como ves, el cerebro buscará todo tipo de artimañas para que no cambies tu hábito de comer chocolate y se centrará solo en los datos que corroboran tu pensamiento. Ser capaz de controlar estos impulsos requiere un sacrificio y un nivel de autocontrol muy grandes aunque el hecho en sí sea muy sencillo. En este caso basta con no comprar chocolate nunca más. Es una decisión que se puede tomar ahora mismo y no habría más misterio. No hace falta conseguir miles de euros, estudiar tres carreras universitarias o escalar una montaña. Pero el chocolate es solo un ejemplo. Por eso a la gente le cuesta tanto dejar de fumar, cambiar de hábitos o cambiar sus pensamientos o creencias, sean las que sean. En realidad cuando nos planteamos cambiar algo de nuestra vida nos estamos diciendo que estábamos equivocados y perdemos parte de nuestra esencia e identidad, y esto nos desconcierta. Mantener ese control de decisión requiere un cambio de mentalidad y pensamiento para pasar el acto en sí a otro nivel, de forma que no comer chocolate sea el hábito y que después de cierto tiempo sea tu propio cerebro el que te proteja para que en el caso de comer un día chocolate sea porque realmente te apetecía, al igual que prefieres no comer chocolate el resto del tiempo porque has conseguido reeducar tus pensamientos de forma que tu cerebro es el que te diga cosas como: "si comes una vez chocolate vas a recaer y no quieres eso", "cómo realmente estás bien es sin comer chocolate", "no quieres que el chocolate te controle", "tú eres más fuerte y tú tomas tus propias decisiones aunque el cerebro te pida azúcar". Aunque el proceso en sí no requiere ser tan radical para que funcione. Puedes por ejemplo no comprar chocolate esta semana pero la semana siguiente sí y así sucesivamente. Es más fácil hacerlo poco a poco. No obstante, en algunas ocasiones necesitamos cortar de raíz con algunos malos hábitos. Todo depende del poder que tengamos sobre nuestros pensamientos y para esto cada persona es distinta. Por eso ante una situación dramática como un ataque al corazón mucha gente deja de fumar y otras a pesar de que se han enfrentado a la muerte con sus propios ojos siguen aferradas a su hábito perjudicial. También es posible que necesitamos que otras personas realicen ese cambio para así unirnos a ese sentimiento de pertenencia de grupo que tenemos los humanos. O que necesitemos leerlo durante varias ocasiones en distintos momentos y procediendo de distintas fuentes fiables hasta que nosotros mismos podamos tomar la decisión. Sin duda el cerebro es un órgano complejo que es difícil controlar.

Para probar ahora

En la mayoría de los móviles hay un icono en la parte superior con el porcentaje de batería restante. Tener esta información hace que psicológicamente y de forma inconsciente muchos de nuestros pensamientos se vean afectados creando cierto nivel de ansiedad. Tu cerebro no puede evitar pensar que cada vez le queda menos batería al teléfono y que en cualquier momento puedes perder acceso a todas las maravillas que este ofrece. Cada móvil es distinto pero normalmente podrás quitar esta opción desde la sección de ajustes y batería. Si no lo ves ahí busca en Google "cómo quitar el porcentaje de batería de mi móvil" añadiendo el modelo de tu teléfono. Pruébalo durante unos días y notarás la diferencia.

Cómo funciona tu cerebro para aprender

Aprender cualquier cosa requiere pasar por cuatro fases bien diferenciadas. La primera sería decidir qué se quiere aprender. En ocasiones esta decisión es deliberada y en otras es a nivel subconsciente. Después llegaría el momento de seguir un método de aprendizaje. Se podrían seguir los consejos de un experto o crear un método inventado por uno mismo que implicará mayor número de errores y mayor tiempo para llegar a un mismo punto. La tercera fase dentro de este proceso sería la repetición, incluyendo repetición a nivel físico y en nuestra mente. El nivel de concentración y foco en esta fase afecta de forma directa en el tiempo necesario para aprender y en la duración en nuestra mente de este aprendizaje. Por último está la puesta en práctica de lo aprendido para reforzar ese aprendizaje y llevar esa parte más teórica a nuestro mundo real. Si hay un componente emocional dentro de ese aprendizaje se aprenderá antes y será más difícil olvidar lo aprendido. Por ejemplo, haber hecho una promesa con alguien para aprender a tocar la guitarra nos permitirá estar más motivados para aprender y además podremos aprender de una forma más efectiva. Por otra parte hay algunos procesos que para el cerebro es como si fueran interruptores que se van encendiendo. Una vez se activan se quedan encendidos para siempre y nunca se apagan. Un claro ejemplos sería aprender a montar en bici. Una vez has pasado por esas fases y has aprendido a montar en bici tu cerebro almacena esa información relacionada con el equilibrio y jamás la olvidará. Pero existen otro tipo de procesos más complicados que se van olvidando gradualmente si no se practican y requerirán un mayor esfuerzo en su aprendizaje aunque al retomarlos en un futuro el aprendizaje será más sencillo y rápido. Esto pasa por ejemplo al aprender a tocar la guitarra o al bailar. Lo más increíble es que gran parte de estos nuevos conocimientos se van almacenando y el cerebro va superando distintas fases que le permiten ir conectando unos conocimientos con otros de forma que cada vez se pueden aprender cosas nuevas en menos tiempo. Si además cuidas tu cuerpo con una buena alimentación, con ejercicio, con buenas relaciones y con un buen descanso, podrás mejorar y alcanzar objetivos de una forma más rápida y con un aparente menos esfuerzo. Cuando aprendes un idioma, aprender otro nuevo se convierte en algo más sencillo gracias al conocimiento previo adquirido. Si aprendes a montar en el monopatín y más adelante aprendes a hacer surf, será más fácil porque tu cerebro recopila la información que ya tiene y que le puede servir para aprender algo nuevo. Cuando viajamos y conocemos culturas nuevas tu cerebro se abre más y tiene más puntos de vista de forma que es capaz de reestructurar tus pensamientos. Es como si se fueran desbloqueando fases de conocimiento cuanto más experimentas y aprendes. Y esto a su vez hace que puedas aprender cosas más rápido. Por eso es tan peligroso tener las mismas rutinas durante mucho tiempo, trabajar siempre en el mismo sitio, realizar el mismo trabajo, ir de vacaciones siempre al mismo sitio, vivir en la misma casa y el mismo barrio o estar siempre con las mismas personas. Todo esto hace que tu mente se quede "estancada" y no evolucione. Nuestro cerebro necesita cambios para estar motivado y seguir activo y sobre todo para ser felices. Por tanto, la próxima vez que vayas al trabajo vete por un camino distinto, sal de fiesta por lugares que nunca has estado, viaja a países con culturas distintas y habla con gente con la que nunca has hablado.

Para probar mañana

Vamos a implantar 7 hábitos de la noche a la mañana con este truco. Nos suelen decir que necesitamos 21 días para implantar un hábito y que debemos ir de uno en uno. Este truco lo he aplicado y me ha funcionado de una forma increíble y no necesitas 21 días ni estar limitado a un único nuevo hábito. Consiste en elegir 7 hábitos para hacer nada más despertarte y realizar cada uno durante un solo minuto. Por tanto, necesitas invertir solo 7 minutos cada día para incorporar 7 nuevos hábitos en tu vida. Ya no hay excusas porque todo el mundo puede buscar 7 minutos en su día. En mi caso mis hábitos diarios de un minuto son: hacer la cama, meditar, ejercicio de alta intensidad, tocar la guitarra, una lección del curso de mecanografía, hacer ejercicios de cuello, leer, sonreír, poner mi espalda recta, agradecer tres cosas. Sí, esto son más de 7 hábitos. Algunos relacionados con el aprendizaje van cambiando y otros como sonreír y poner la espalda recta los tengo añadidos a mi rutinas de por la tarde. Todos estos hábitos los tengo incorporados en el calendario de mi móvil y mediante una notificación sin sonido se muestran cada día a la misma hora en mi móvil y así no se me olvidan. La clave está en saber engañar al cerebro. La gente tarda años en conseguir muchos de estos hábitos y con este sistema seremos capaces de implantar en nuestra vida 7 nuevos hábitos en solo 7 minutos. El sistema funciona porque lo realmente difícil es empezar. Muchos días tendrás más tiempo y podrás dedicar más minutos a cada hábito. Otros días serán solo 7 minutos. Pero solo por hacerlos, tu día ya habrá empezado de una forma muy productiva. En 7 minutos has hecho 7 cosas muy importantes para tu vida. Si uno de tus hábitos que quieres introducir en tu día a día es aprender a tocar la guitarra deberás dejar la guitarra cada día encima del sofá por ejemplo de forma que la veas y moleste un poco, obligándote a cogerla cuando tengas que sentarte. Ya la tienes entre tus mis manos y por tanto es mucho más fácil empezar. Si la guardas en el armario no la verás y será mucho más difícil hacerlo porque tu cerebro lo olvida.

Tu entorno limita tu mente

Estamos limitados por nuestro entorno. Somos como esponjas desde que nacemos. Tenemos predisposición genética para ciertas cosas pero lo que dicen las personas que tenemos a nuestro alrededor, el entorno y la cultura moldean lo que somos. Si vas a visitar a tus padres o vives con ellos, si te quedas en casa de alguien a dormir o si vas a cenar a un restaurante de lujo te comportarás de una forma distinta en cada caso. Somos la misma persona pero nuestros actos están condicionados por el entorno. En muchas ocasiones estas situaciones pueden alargarse durante mucho tiempo y harán que estés limitando todo tu potencial además de generar conflictos familiares. Esto en muchas ocasiones nos da una sensación de angustia que puede generar estrés, ansiedad o incluso diversas enfermedades. Por tanto cuando eres adulto, vivir en casa de tus padres o incluso vivir en el mismo barrio te puede limitar. Está claro que esto no es siempre así pero estoy seguro de que estás pensando en alguien que conoces para el que esta situación puede llegar a ser problemática. Somos como esponjas húmedas desde que nacemos con una predisposición a ciertas cosas pero podemos ir empapándonos de lo que nosotros queramos y liberarnos de ese agua que está dentro de nosotros, de nuestros pensamientos y de esas emociones que nos limitan. El primer paso es darse cuenta de que podemos estar limitados y que tenemos miedos y creencias limitantes. Reflexionar sobre estas cuestiones nos permitirá tener una mayor capacidad de aprendizaje y veremos el mundo con otros ojos. Vivir en sitios distintos cada cierto tiempo, además de ser toda una experiencia, nos creará conexiones neuronales nuevas que nos abrirán un mundo nuevo de posibilidades.

Para probar ahora

¿Crees que una persona ciega ve todo negro? El negro es un color y por tanto vería algo. Una persona ciega no ve nada y para comprobarlo simplemente cierra uno de tus ojos o tápatelo con tu mano y dime qué ves con ese ojo que has cerrado. ¿Ves todo negro o no ves nada? Increíble.

Estamos hechos para ser o sentirnos libres

Podemos trabajar en algo que nos apasiona durante horas y horas, levantarnos a las cinco de la mañana porque queremos ir a esquiar o ponernos a escribir un libro a las tres de la madrugada porque nos hemos inspirado. Pero si todas estas acciones nos las imponen la cosa cambia. Es un simple y pequeño detalle porque el esfuerzo, las horas y el trabajo realizado serían los mismos, pero algo cambia en nuestra mente que hace que no nos tomemos esos actos de la misma forma. Somos menos productivos y nuestro nivel de felicidad baja cuando nos ordenan lo que tenemos que hacer por mucho que nos guste. Por eso, nos gusta comprar pero no nos gusta que nos vendan. Nos da la sensación que nos están quitando nuestra capacidad de decisión y por tanto lo rechazamos de forma inmediata. El marketing levanta justo esa barrera para que seamos nosotros los que creamos que hemos tomado esa decisión de compra. Por esa razón misma razón, cuando alguien emprende con un proyecto propio en el que se hace algo con pasión, se tienen más probabilidades de tener éxito. Si por el contrario el negocio se ha creado por el simple hecho de creer que puede ser rentable pero no hay pasión detrás es probable que el negocio fracase porque en realidad ha sido impuesto por el mercado. Tener en cuenta estos aspectos es más importante de lo que pueda parecer a la hora de conseguir el otro éxito.

Para probar ahora

No te juzgues pero localiza tus sentimientos. Para eso lee tres veces en voz alta lo siguiente: "Soy una mala persona, engaño a la gente y no soy coherente con lo que digo y hago". ¿Cómo te sientes? Vale, no sigas. Solo debes detectar esos sentimientos que llegan a tu mente y no juzgarlos. Son simplemente sentimientos que por el simple hecho de leer ese texto he conseguido generar en tu mente. Ahora lee el siguiente texto de nuevo tres veces: "Soy una gran persona, trato de decir siempre la verdad y ser coherente con lo que hago y digo". ¿Cómo te sientes ahora? De nuevo no juzgues tus sentimientos, solo detéctalos, identifícalos.

Decide tus objetivos

Si no sabes a dónde vas no llegarás a ninguna parte. Creo que esa frase refleja a la perfección nuestra vida. Si no sabes qué quieres conseguir hoy, este mes, este año, durante los próximos 10 años o en tu vida, es difícil conseguir nada que realmente quieras y si consigues algo es muy probable que sean cosas que otros quieran pero no tú. Por tanto márcate objetivos y escríbelos. Este ejercicio de escribir qué quieres conseguir en tu vida parece más fácil de lo que es. Pueden ser objetivos de trabajo, de desarrollo personal, cosas materiales… Cualquier cosa que sea importante para ti. Pero tienes que ser específico. Seguramente quieras ayudar a tu familia y tener así más tiempo para ti y los tuyos, vivir sin jefes ni horarios, aumentar tus ingresos, trabajar por tu cuenta o simplemente quieras más libertad en tu vida. Todo esto está muy bien pero debes ser específico para poder definir objetivos y marcar un plazo. Por ejemplo podrías querer generar 120.000€ gracias a un negocio online durante los próximos 12 meses o realizar un viaje a Egipto con tu familia desde el 1 al 15 de septiembre. Esto es más específico y está determinado en fechas lo cual nos permite saber si lo hemos conseguido o no o si estamos más cerca de conseguirlo o no. En mi caso tengo objetivos escritos de forma que puedo valorar si me voy acercando a ellos para así tomar mejores decisiones. Lo bueno es que estos objetivos pueden ir cambiando y los puedes ir adaptando. Yo tengo una tarjeta encima de mi mesilla que me ayuda a ver los objetivos del día y otra en la que veo los objetivos del año. No tienes que conseguir todos pero sí acercarte a ellos y planificar de nuevo tu día a día para ir consiguiéndolos. Las alertas y las notificaciones en el móvil te ayudarán, así como ir escribiendo todas las tareas importantes en el calendario de tu móvil que te permitan acercarte a esos objetivos. La clave está en separar ese gran objetivo en otros objetivos más pequeños. Por ejemplo, si quieres ganar 120.000€ en 12 meses podríamos conseguir 10.000€ cada me y a partir de aquí podemos definir las acciones que nos ayuden a conseguir estos objetivos en un corto plazo. Necesitaríamos un cliente que nos pague 10.000€ cada mes o 10 que nos paguen 1.000€. De esta forma vamos definiendo la estrategia y las tareas que debemos realizar para acercarnos a este objetivo mayor.

Hay gente que tiene creencias limitantes y piensa que no tiene nada que vender, que no tiene nada que le pueda interesar a la gente, que pospone una y otra vez para dar el paso, que tiene miedo al fracaso y al qué dirán, que no sabe por dónde empezar y se bloquea, que piensa que no está preparada, que analiza demasiado y nunca toma acción o que ya lo ha intentado y no lo consiguió y decidió abandonar sus sueños. Todo esto son excusas y se pueden trabajar. Para ello puedes empezar a realizar un DAFO personal, es decir, analizar las Debilidades, Amenazas, Fortalezas y Oportunidades que tienes. Lo entiendes mucho mejor con un vídeo por lo que te recomiendo que busques en YouTube "Qué es DAFO" para que puedas realizarlo. Y es que hay gente incluso que tiene miedo al éxito. Todo cambio da miedo. Haciendo lo que siempre haces conseguirás los resultados que siempre consigues. Recuerda que todo es cuestión de prioridades. Tu tiempo y lo que haces en tu vida lo decides tú y nadie más. Hay gente que considera que tiene que hacer ciertas cosas en su día a día y por tanto no tiene tiempo para hacer otras cosas. Incluso hay gente que es especialista en buscar excusas. Todo lo que haces en tu día a día está determinado por tus propias decisiones, no le des más vueltas.

Para probar hoy

Escribe tus objetivos del día, mes, año, próximos 10 años y tus objetivos de vida en una hoja, tarjeta o libreta. Mantenlos visibles en tu mesilla de noche.

Me estoy muriendo

Tengo que confesarte algo. Me estoy muriendo. Pero tengo una noticia aún peor... tú también te estás muriendo. Pero no hablo de forma literal. Me refiero a que cada día que pasa nos queda un día menos de vida. No quiero alarmarte en exceso pero es posible que esto nunca te lo hubieras planteado de este modo. Por tanto, ¿estás haciendo lo que realmente quieres hacer o estás matando tus días rellenándolos con cosas que te hacen pasar el tiempo sin más? Si fueras a morir realmente mañana, ¿harías lo mismo con tu día? Yo no haría lo mismo pero si fuera a morir en un año mi año sería muy parecido a como está siendo ahora. De todas formas en unos años es muy posible que el ser humano venza a la muerte. Pasaremos a vivir primero 150 años, luego 200 y después los que queramos. Mucha gente no morirá nunca. Eso va a llegar. Si este tipo de cosas te atormentan te recomiendo que veas la serie Black Mirror. ¿Te imaginas saber que puedes vivir de forma indefinida pero que hay situaciones que aún así no se controlan? De momento esos días no han llegado y por tanto debemos vivir con lo que tenemos aquí y ahora.

Nadie te cuenta toda la verdad

Gracias a mis podcasts he podido realizar muchas entrevistas a emprendedores de éxito y tengo que revelarte algo, en muchas ocasiones el mejor contenido no ha podido salir a la luz porque se encontraba antes de darle al botón de grabar o después de parar la grabación. Y es que no sé exactamente qué tiene ese botón que hace que cambiemos nuestra forma natural de ser y de contar las cosas. Pasa lo mismo cuando nos hacemos una foto, no sabemos cómo ser naturales solo porque sabemos que ese momento se va a quedar inmortalizado para la posteridad. Es como saber que una parte del pasado queda almacenada y nuestros miedos y nuestras inseguridades se disparan. ¿Hay alguna forma de conocer esas técnicas, esos trucos, esos secretos que nadie comenta en abierto? Yo he descubierto tres formas de hacerlo. La primera ya la sabes y consiste en trabajar tu marca personal para poder realizar entrevistas por ejemplo a través de un podcast. La segunda consiste en crear un grupo de Mastermind que consiste básicamente en crear un grupo de personas complementarias que se encuentren en una situación similar en su vida con las que reunirse para contar todos sus éxitos, fracasos y experiencias, normalmente sobre sus negocios. La tercera consiste en preguntar. Puedes hablar con los ponentes en eventos, cenas o reuniones de una forma abierta y natural. Si nosotros contamos nuestras experiencias de una forma sincera es más probable que otros también lo hagan. Esta filosofía es la que intento seguir en todos mis contenidos pero incluso yo, que lo intento, no puedo contarlo todo en abierto. Conocer lo que nadie se atreve a contar te permitirá adaptar tu mentalidad de una forma más realista para posteriormente tomar mejores decisiones. Cuantas más opciones tienes, cuanto más conocimiento tienes, más posibilidades tienes de elegir una mejor opción, pero si solo conoces una o dos opciones y las dos opciones son malas, vas a acabar yendo por una dirección equivocada. Por eso tener ciertos conocimientos y saber adaptar tu cerebro para ver más allá te permitirá tomar mejores decisiones para seguir por un mejor camino.

Tener una estrategia y pensar en el pasado, presente y futuro te permitirá elegir mejores opciones.

El invento que cambió la realidad

Sabemos que la realidad que vivimos es subjetiva. Cada uno la interpreta según sus vivencias y limitaciones. Nada es en realidad como creemos que es. Y hay un invento que nos permite verlo muy fácilmente. Este invento es la cámara de vídeo. Desde que estoy aprendiendo a bailar lo he comprobado más aún. Gracias a nuestro móvil podemos grabarnos a nosotros mismos. Lo que creemos que hacemos y lo que hacemos en realidad son dos cosas distintas. Prueba a ver una coreografía sencilla en Internet y a imitarla y grabarte. Comprobarás que lo que crees que haces y lo que haces en realidad son cosas distintas. Y no digamos si nos vamos a las limitaciones intrínsecas de nuestro propio cerebro. El hecho de no ser capaces de ver o sentir el campo electromagnético terrestre o los infrarrojos como pueden ver y sentir algunos animales ya nos da una idea de que cada animal y cada persona crea el mundo en su mente. Incluso los colores a nuestro alrededor son distintos de los que ve un toro, un delfín o un murciélago (que su mundo es en blanco y negro) o los ciervos y los perros que no ven el color rojo ya que las células de sus ojos no interpretan la longitud de onda de este color. Y no es que nosotros veamos las cosas como son en la realidad y el resto de animales no. No. Nuestro cerebro se inventa y adapta la realidad según nuestras necesidades. La evolución ha hecho que nos adaptemos al entorno y seamos lo que somos ahora, pero nada de lo que vemos es en realidad así ahí fuera. De hecho nada es de ninguna forma. Al relacionarnos con otros seres humanos que interpretan la realidad de una forma similar, pensaremos que el mundo es como lo vemos y que así es la realidad. Lamentablemente todo está en nuestra mente. Si esto que te estoy contando te provoca cierto rechazo no te preocupes, es normal. Te recomiendo que investigues por tu cuenta. Google contiene gran cantidad de información al respecto y existen infinidad de libros y estudios que hablan sobre ello. ¿Te imaginas el mundo en blanco y negro o sin ver el color rojo? Pasa lo mismo con nuestra propia voz. Cómo nos oímos y cómo nos oyen el resto de seres humanos es distinto a lo que nosotros interpretamos. Si has grabado tu voz y te has escuchado lo habrás podido comprobar. Pero es que además cada persona interpreta esas mismas ondas sonoras de una forma distinta. Las ondas a nivel científico están ahí. Son únicas. Pero cada unos las oye de una forma. Si escuchas la canción con la que te enamoraste por primera vez o esa canción que fue tu favorita hace dos veranos y te aprendiste de memoria no la "escucharás" igual que la persona que tengas al lado. Esos recuerdos y sentimientos que despiertan en ti un mismo acontecimiento en un mismo lugar serán distintos. Puede incluso que llores o te alegres con una canción y la otra persona le pase lo contrario. Si estás enamorado o enamorada nuestra química interna hace que nuestra realidad cambie de nuevo. Todo depende. Todo es relativo. Y nuestro mundo, nuestra realidad también depende de cada uno. Ahora podemos comprobar por nosotros mismos que nuestra realidad es otra y que cada uno tiene su propia realidad. Aún recuerdo cómo con cinco años vi claramente a Papá Noel (Santa Claus) en el cielo con su trineo tirado por renos. Tan claro como leo estas líneas mientras las escribo o como veo el teclado del ordenador. Lo vi muy nítido en el cielo oscuro lleno de estrellas. Algo se movía y solo podía ser Papá Noel tirado por sus renos. Pero en realidad esa imagen solo estaba en mi mente. Mi madre me insistió si lo veía allí en el cielo. Insistía tanto que yo la creí y mi mente lo construyó. Y es que el subconsciente es muy poderoso. Nuestra mente puede fabricar y creer cosas que no existen. Y esto en realidad lo hacemos a diario sin darnos cuenta. Yo mismo puedo sugestionarme para que si toco a alguien en el brazo perciba si esa persona está alegre, triste o emocionada, si ha pasado por un mal momento o ha tenido un problema con su pareja. Y si lo hago día tras día me acabaré creyendo que tengo un don. Hay gente que incluso vive de eso, que se lo cree totalmente y que condiciona la vida de otras personas prediciendo su "futuro". Y cuando crees que sabes tu futuro tus acciones van hacia allí porque son los objetivos que te has marcado a nivel subconsciente. Si te digo que tengas cuidado porque es posible que te tropieces y te caigas en los próximos días, aunque tú ni siquiera creas que yo vea el futuro es muy posible que te acabes tropezando. Tu cerebro lo procesará en el subconsciente y se quedará ahí esperando a que pase. Como cuando compras un coche nuevo y solo eres capaz de ver el mismo modelo por la calle cuando nunca antes te habías fijado en la cantidad de coches que hay iguales al tuyo.

Para probar ahora

Busca un vídeo de una coreografía sencilla. Mírala un par de veces e intenta copiarla. Antes de intentar hacer la coreografía pon tu teléfono móvil delante de ti para grabarte. Debes usar la cámara trasera para no verte antes. No pares de grabar el proceso. Recuerda cómo crees que lo estás haciendo y luego comprueba cómo lo has hecho en realidad. También puedes probar a grabarte cantando y luego escuchando la grabación.

El palacio de la memoria

Esta es una conocida técnica para recordar listas de objetos en muy poco tiempo. Si te digo que puedes memorizar 10 objetos en orden en menos de 10 segundos es muy probable que pienses que es un proceso complicado y que solo algunos privilegiados podrían hacerlo. El poder de la memoria es increíble y hay técnicas que nos permiten hackearla para sacarle un mayor rendimiento. Trata de memorizar estos 10 objetos con el sistema que prefieras, si es que usas alguno, y ponte una cuenta atrás de 10 segundos: pez, rana, mano, silla, mesa, sofá, lámpara, micrófono, guitarra, altavoz. ¿Cuántos has recordado?

La técnica del palacio de la memoria te permite recordar secuencias de objetos de una forma más sencilla. Consiste en ubicarte en una casa vacía con habitaciones que puedas identificar y recorrerla mentalmente siguiendo siempre el mismo recorrido, metiendo en cada habitación uno o varios objetos. De esta forma, con un poco de práctica, es mucho más fácil recordar un listado de objetos. Prueba ahora a recordar esta lista de objetos usando esta técnica y compara con los resultados anteriores: plato, tenedor, tijeras, camiseta, pantalón, armario, percha, cama, cuadro, escoba. ¿Cuántos has recordado ahora?

Aprendiendo a meditar

¿Cómo te hablas a ti mismo? Tus pensamientos afectan a tus emociones de forma directa. Como seres humanos que somos pensamos en el futuro constantemente y sin darnos cuenta. Cuando medito tengo que reconocer que es algo que me hace sentirme muy bien y que he tenido que incorporar a mi día a día aunque también tengo que reconocer que me costó mucho crear este hábito y darme cuenta de lo que me aportaba realmente. La meditación también conocida como mindfulness, está creciendo mucho en todo el mundo. Creo que por el hecho de que la gente que vive en grandes ciudades no tienen un bosque, una montaña o un mar cerca por los que dar un paseo, oler, ver y experimentar. La gente busca cada vez más soluciones fáciles y rápidas para solucionar nuestros problemas y meditar desde casa sin necesidad de salir a la calle se ha convertido en una opción con cada vez más adeptos. La meditación es un concepto para muchos completamente nuevo y puede ayudarnos en muchas situaciones de nuestro día a día, sobre todo a mejorar nuestra vida para valorar mucho más el presente. Existen un par de aplicaciones que pueden ayudarte en el proceso de aprendizaje. Una se llama *Headspace* y está en inglés y la otra *Petit BamBou* y está en español. Ambas las puedes empezar a usar totalmente gratis y te explicarán de una forma muy didáctica cómo meditar por lo que te recomiendo que las descargues y empieces a experimentar lo que la meditación ha preparado para ti. La meditación no cosiste en ponerse bajo la ducha a pensar en tus cosas. La meditación se basa en situarse en el presente. Esto te permitirá sentirte mejor, aumentar tu nivel de felicidad y en muchos libros se dice que es la forma de alcanzar un nivel de consciencia superior, fuera de la propia mente. Dar un paseo por un bosque, nadar en el mar, quedarte mirando el fuego de la chimenea o incluso tener una buena conversación con algún amigo o amiga te permitirá alcanzar el mismo propósito en muchos casos que busca la meditación. Trata que todo lo que hagas durante esos minutos que le dediques a la meditación se focalice en el presente, en este momento, en el ahora. Lo único que existe realmente es el presente aunque para mí *"el presente es una línea tan fina entre pasado y futuro que en realidad es posible que no exista"*. Gracias a la meditación podrás darte cuenta del poder de tu mente. A través de la meditación puedes transportarte a otra realidad y hacerte creer que puedes salirte de tu propia mente. Esto no es real pero tu mente tiene la capacidad de percibir este tipo de situaciones a través de la meditación.

Para probar ahora

En el libro *"El poder del Ahora"* el autor Eckhart Tolle cita un ejercicio muy interesante. Siéntate en un lugar tranquilo y cierra los ojos. Trata de identificar tu próximo pensamiento. A continuación mantente muy alerta y espera a ver qué pensamientos vienen a tu mente. El autor cita esto: Sé como un gato observando una ratonera. ¿Qué pensamiento va a salir de la ratonera? Inténtalo ahora mismo. Si no lo has hecho nunca te costará concentrarte y mantenerte en el presente. Tu mente irá hacia el pasado y hacia el futuro y ni te darás cuenta. Practicar cada día te ayudará a controlar tu mente.

Pensamiento crítico

Y una vez llegados a este punto, algo para mí fundamental si quieres alcanzar el otro éxito es tener un pensamiento crítico. El pensamiento crítico se centra en cuestionarse todo lo que haces, escuchas y ves. ¿Por qué te levantas por la mañana? ¿Por qué vas a trabajar? ¿Por qué vives donde vives? ¿Por qué crees en un Dios o no crees en ningún Dios? ¿Por qué comes lo que comes? ¿Por qué dices lo que dices? ¿Por qué estás con la gente que estás? ¿Por qué es verdad lo que te cuentan?. En definitiva, cuestionarte por qué haces lo que haces para ver si realmente es lo que quieres, si tiene sentido, si lo haces porque todo el mundo lo hace y comprobar de esta forma si hay otras opciones ahí fuera que tengan más sentido. Cada vez que leas algo, que veas algo o que escuches algo, intenta cuestionarte si esto es así o si hay otras opciones que también pueden ser válidas. Para tener pensamiento crítico hay que saber preguntar e intentar no juzgar, solo cuestionarse las ideas y pensamientos. Aquí el método científico puede ayudarte. El método científico sigue este orden: Realizarse una pregunta, observar, experimentar, meditar sobre ello, crear una hipótesis, intentar refutarla, probarlo y finalmente publicar los resultados o en nuestro caso sacar las conclusiones. Este proceso es más complicado de lo que parece y hay mucho más detrás pero tenerlo en mente nos puede ayudar a cuestionarnos todo. Eso sí, tampoco es necesario obsesionarse con aplicarlo en cada momento.

DÍA 3: MEJORANDO TUS RELACIONES

Un ejecutivo se encontraba en el aeropuerto esperando su vuelo de escala que se había retrasado. Se compró un bote de patatas, se sentó en un banco y empezó a comérselas. Al cabo de un rato se dio cuenta que un hombre mayor estaba sentado a su lado y en un momento dado este metió la mano en su bote de patatas para coger una. No podía creer que no le había pedido ni siquiera permiso. Se le quedó mirando de reojo pero no dijo nada. Al cabo de un minuto el hombre volvió a meter la mano en el bote y cogió otra patata. Justo después de que él cogiera una patata su nuevo vecino hacía lo mismo sin inmutarse. El ejecutivo seguía sin dar crédito a lo que estaba pasando. Patata tras patata él cogía una y el hombre al rato cogía otra hasta que finalmente quedó solo una patata. Las miradas que le lanzaba el ejecutivo al hombre eran cada vez más indignantes y descaradas. El ejecutivo esperó a ver qué hacía el hombre con la última patata. El hombre esperó unos segundos, metió la mano, la sacó, la partió en dos y le dio una mitad al ejecutivo. Fue entonces cuando anunciaron la puerta de embarque del vuelo y el ejecutivo se marchó rápidamente con cara de indignación mientras el hombre permanecía sentado manteniendo una sonrisa que no era capaz de entender. Tras llegar a la puerta de embarque después de 15 minutos caminando metió la mano en su mochila para sacar el pasaporte y fue entonces cuando se dio cuenta de lo ocurrido. Tenía su bote de patatas en su mochila. ¡Él era el que había estado comiendo las patatas de ese otro hombre! Su vuelo salía en 5 minutos y ya era tarde para disculparse.

Lo que le pasó al ejecutivo de la historia bien nos podría haber pasado a cualquiera de nosotros y es que no debemos dar nada por sentado. Creo que en este tipo de situaciones, mantener la calma, valorar todas las posibilidades y sobre todo ser conscientes de la importancia real de los acontecimientos nos ayudará a ser mucho más justos y coherentes con nuestra actitud. Preguntar y hablar con naturalidad nos puede ayudar a aclarar muchos malentendidos. Y lo más importante de todo, saber disculparse y no dejarlo pasar puede ayudarnos a evitar problemas que pueden hacerse más grandes con el tiempo.

Los tipos de personas

Necesitamos tiempo para nosotros pero también necesitamos hablar con otras personas. Según la programación neurolingüística o PNL cada persona interpreta el mundo de una forma. Algunas personas son auditivas, otros visuales y otros kinestésicos. Saber esto nos puede ayudar a comunicarnos de una mejor forma con cada tipo de persona. En realidad hay estudios que indican que no hay resultados concluyentes con respecto a la utilidad de las técnicas de PNL pero creo que es un ejercicio interesante. En realidad tratar de clasificar a las personas es un error, la mayoría de las personas tenemos un poco de todo aunque solemos tener predisposición hacia algún lado más que otro.

Las personas kinestésicas serían personas que actúan más pensando en los sentimientos. Por ejemplo personas que para saludarte te dan un abrazo. Se considera que representan aproximadamente el 45% de la población. Usarían expresiones como "siento que no estoy bien" o "ya me he sentido así antes" y suelen actuar de una forma más pausada.

Las personas visuales piensan más usando las imágenes. Usarían expresiones como "veo lo que quieres decir" o "no lo tengo claro". Serían personas que actúan con rapidez y que mantienen las distancias. Representan aproximadamente el 35% de la población.

Por último tendríamos a las personas auditivas que piensan a través de los sonidos usando expresiones como "esto que me comentas me suena extraño" o "ya oí algo parecido". Hablan de una forma más calmada y reflexiva y se acercan más al interlocutor que los visuales. Representan el 20% de la población.

Como digo, todos seríamos un poco de todo pero tendríamos predisposición hacia alguno de estos tipos de personas, sobre todo en algunos momentos puntuales donde surge nuestra parte más interna. Lo realmente interesante de esto sería intentar identificar a este tipo de personas cuando hablemos para comunicarnos de la misma manera, adaptando nuestro lenguaje y expresiones para que puedan comprendernos más fácilmente y podamos comunicar de una forma más eficiente. Si queremos por ejemplo preguntar su opinión a un kinestésico le diríamos algo como "¿cómo te sientes?", a un visual "¿cómo lo ves?", y a un auditivo "¿te suena interesante?".

Para probar hoy

En la próxima conversación que tengas trata de identificar esas frases que muestren el tipo de persona que es e intenta usar expresiones que se ajusten al tipo de persona detectada. Y si quieres saber qué tipo de persona eres busca alguna grabación tuya e identifica esas frases que puedan identificarte. Recuerda que esto es simplemente un ejercicio y no se puede clasificar a la gente de esta forma.

Familia y comunicación social

Como animales mamíferos y sociales que somos la familia es una parte vital en nuestra vida. Comunicarnos y mantener el contacto con nuestros seres queridos nos permite tener un nivel de seguridad así podemos tomar mejores decisiones. Una familia que se apoye implica tener un colchón de respaldo ante nuestras decisiones que nos ayuda a sentirnos más confiados y seguros y esto implica un a mayor probabilidad de éxito. Saber que tendremos el respaldo y la ayuda de nuestros padres y demás miembros de la familia en el caso de que algo nos vaya muy mal nos permite tener el cerebro focalizado en otros aspectos más positivos ya que tendemos una parte cubierta. En compañía de nuestra familia y seres queridos podemos ser nosotros mismos ya que son las personas que más nos suelen conocer y con las que pasamos la mayor parte del tiempo durante nuestra fase de desarrollo. Los vínculos de sangre hacen que para la mayoría de las culturas la lealtad a la familia sea algo casi sagrado. A nivel químico nuestro cuerpo siente que nuestra familia forma parte de nosotros. Para algunas personas los amigos pueden cubrir ciertas carencias familiares y esto permite liberar gran parte de nuestras preocupaciones. Por eso es tan importante tener buenas relaciones sociales y es aquí donde el saber comunicar juega un papel fundamental. Para mucha gente con solo pensar que tienen que hablar en público le entran sudores fríos que recorren todo el cuerpo. Superar el miedo escénico y aprender a hablar en público es algo que nos permitirá sentirnos más seguros de nosotros mismos además de poder alcanzar metas difíciles de conseguir por otros medios. Y todo esto empieza por un trabajo mental de superación de creencias limitantes. Si nos preguntan a qué nos dedicamos o qué hicimos ayer no nos solemos poner nerviosos, incluso si un grupo de amigos nos hacen una pregunta sobre un tema que nos entusiasma podríamos estar horas hablando sobre ello. La cosa cambia cuando esta situación se presenta con un grupo de personas que no conocemos. En realidad no debería ser así. Intentar ver la situación de hablar en público como algo natural nos ayudará a superar estas dificultades. Si además hablamos sobre una temática que nos apasiona y de la que tengamos conocimiento todo será más fácil. También conviene darse cuenta de que los espectadores no buscan nada perfecto, solo quieren aprender de tus conocimientos y experiencia y sobre todo obtener algo que les sirva. Un truco muy sencillo de aplicar consiste en grabarse con el móvil en tu casa e imaginarse que estás dando la charla. Cuanto más se practique mejor. Al ver la grabación te darás cuenta de algunos errores, muletillas y otro tipo de problemas que detectes para poder corregirlos. Crearte un guión también te ayudará a tocar todos los temas que quieras tratar y si vas a usar diapositivas trata que sean simples y que no incluyan textos extensos, en la mayoría de las ocasiones es suficiente con una palabra o con alguna imagen. Cuanto más practiques más fácil te será el proceso. Puedes apuntarte a clases de baile, teatro o cualquier otra actividad que te saque de tu zona de confort. Puedes incluso crear un podcast que te permita desarrollar tus capacidades de expresión vocal dentro de una zona controlada donde puedes grabar todas las veces que desees e incluso puedes editar a tu gusto. Si vas a dar una charla puedes también darla con un grupo reducido de personas con las que te sientas más cómodo a modo de prueba o incluso hacer algún directo a través de redes sociales. La clave está en ser constante y practicar. Algo que ayuda mucho es conocer el sitio en el que vas a dar la ponencia por lo que si puedes acércate un día antes y para estar tranquilo el día de la charla y acude con suficiente tiempo para tenerlo todo preparado. Hay gente incluso que tiene ciertos rituales antes de sus conferencias. Se ponen cierta canción que les activa, se toman una infusión o se repiten para si mismos frases inspiradoras. Yo la verdad que antes de mis conferencias no hago nada de esto pero puedes probarlo. Cuidado con que ser demasiado artificial o que tu presentación suene demasiado preparada. Uno de los errores más frecuentes que cometen los conferenciantes en distintos eventos es que quieren contar todo en cientos de diapositivas, añadiendo textos y más textos que son imposibles de leer y que además hacen que el espectador pierda el foco y desconecte de la conferencia. No cometas este error. Lo más importante de una presentación es el inicio y el final por lo que debes llamar la atención durante ese primer minuto. Añadir alguna pregunta o algún dato de impacto puede ayudar. Contar una historia de superación también es otra opción interesante. Hay cientos de conferencistas que asombran en sus presentaciones y en la mayoría de ellas hay mucho trabajo detrás. Emilio Duró, Elsa Punset o Victor Küppers son capaces de tocar la fibra del espectador, de inspirar, de formar y sobre todo de motivar a los asistentes. Aprender de grandes referentes te ayudará a cautivar en tus conferencias. Impacta, transmite y sorprende con tu contenido. Se puede aprender mucho de distintas charlas TED. De hecho existen distintas fases que pueden ayudarte a crear una buena ponencia, empezando por la expectación previa a la charla, la generación de cierta incertidumbre un poco antes de empezar por ejemplo apagando la luz o manteniendo algún objeto tapado durante el comienzo de la presentación, para luego ir metiéndonos en el contenido en sí involucrando al espectador y finalmente terminando con algo magistral que perdure en la mente de las personas. Conocer técnicas de persuasión y comunicación siempre ayuda. Una técnica que uso en algunas de mis presentaciones para mantener el interés es ofrecer un pequeño regalo como algún libro o camisetas a aquellos que me hagan preguntas tras terminar la presentación. Esto hace que los oyentes tengan una recompensa por estar atentos y la implicación aumenta considerablemente. Por último, a los humanos nos encanta la comida gratis. Es una forma de tener a la gente contenta y por tanto si quieres llenar un evento no hay nada mejor que anunciar que hay comida y bebida gratis. Y pregunta si es el cumpleaños de alguien hoy o esta semana en tu ponencia y dale un regalo, el efecto que se consigue es enorme.

Los secretos del éxito

Me gusta recopilar información valiosa. A lo largo de estos años he encontrado en documentales, libros, vídeos, audios, conferencias y otros lugares trucos para hackear nuestra mente y la de otros. Aquí van los mejores trucos que puedes aplicar en muchas situaciones de la vida diaria, incluidas las presentaciones, y que a mí me ayudan en muchas situaciones. Si quieres aprender más técnicas de persuasión e influencia te recomiendo leer el libro *"Influencia"* de Robert Cialdini. Estas técnicas funcionan muy bien si se saben utilizar de forma correcta, algunas de ellas pueden sonar obvias o incluso estúpidas, pero su potencial es enorme. No obstante pueden conseguir el efecto contrario si no se usan de forma correcta y el receptor percibe que estás intentando engañarle. Por tanto, todos estos consejos deben usarse con mucho cuidado. Conocer las técnicas de influencia y persuasión te acercará a conseguir cualquier objetivo que te propongas. Saber cómo van a actuar el 90% de las personas ante distintas situaciones te dará una ventaja competitiva difícil de igualar. Puede parecer magia pero nuestro cerebro es muy predecible cuando se producen ciertos acontecimientos controlados. La mayoría de nosotros estamos influenciados por métodos de persuasión que aplicamos en nuestro día a día sin darnos cuenta. Cuando los conoces, puedes usarlos cuando quieras y *"controlar"* la mente de las personas. Pero no me refiero a manipular o engañar. La persuasión se centra en conseguir que la gente se dé cuenta de necesidades o situaciones que pueden ayudarles en su vida. Es decir, debe haber un beneficio mutuo a la hora de aplicar estas técnicas de influencia y persuasión. En caso contrario se estarán aplicando técnicas de coacción, manipulación o engaño. También debes saber que no todo el mundo es igualmente influenciable. Todo depende de la situación y del momento en el que estemos, de nuestros conocimientos, actitudes, estado de ánimo y muchos otros factores. Si por ejemplo estoy decidido a comprar una nueva televisión porque la actual se ha estropeado, voy a ser mucho más receptivo a la venta por parte del vendedor. Si ese mismo vendedor me propone la venta de una televisión en otro momento es mucho más probable que la venta no se materialice. Parece lógico, pero en muchas ocasiones no nos paramos a pensar quién es realmente nuestro público objetivo y nos obsesionamos intentando vender a esos usuarios que se acaban de comprar un televisor nuevo. Y recuerda que nada de esto funciona si no eres coherente con lo que dices.

No debería contarte esto: Hay frases como *"no debería contarte esto"* o *"espera que te cuente un secreto"* que captan la atención nada más oírlas o leerlas. Seguro que te ha pasado al leer el título. Si quieres que el oyente te preste atención usa estas frases al iniciar conversaciones con amigos, familiares, en ponencias, seminarios, cursos, artículos, emails, etc. De esta forma lo que quieras decir después de estas frases habrá captado la atención completa del receptor y por tanto tomará mayor importancia. Algunas frases que puedes utilizar para captar la atención son:

"No debería contarte esto"

"Espera que te cuente un secreto"

"No te lo vas a creer"

"Es increíble lo que me ha pasado"

"He descubierto algo que te cambiará la vida"

"Todo el mundo se ha quedado boquiabierto con esto"

"Lo que te voy a contar que no salga de aquí"

"Necesito que me guardes este secreto"

"Voy a contarte algo que no he contado nunca"

"Creo que es el momento de decirte la verdad"

"Jamás me habría imaginado que pudiera pasarme esto"

"Nunca me habría imaginado que cosas así sucedieran"

"Esto no lo había visto nunca"

El nombre de las personas: Cuando alguien dice tu nombre te sientes mucho más receptivo a las peticiones del emisor. Añade el nombre de la persona a la que te dirijas al inicio de tus conversaciones y al final de las mismas. Pero, ¿qué debes hacer para no olvidar el nombre de las personas cuando te las presentan? Puedes usar la técnica de la similitud con otras personas que consiste en asociar el nombre de esta persona que te presentan con el nombre de un familiar o amigo del cual no tienes problema para recordar su nombre. Piensa en algún rasgo característico de tu amigo o familiar e intenta asociarlo a esta nueva persona (color de pelo, ojos, movimientos característicos, coletilla al hablar…). Otra técnica consiste en asociar a esa persona con el nombre de un famoso e imaginar una situación irreal e inverosímil. Por ejemplo, si te presentan a Iker le asocias con el ex portero del Real Madrid saltando 100 metros por encima del lugar donde estás parando un tren en movimiento. O si te presentan a Mercedes puedes imaginarte a la presentadora de televisión Mercedes Milá de Gran Hermano lanzando coches con las manos a gran distancia. Y muy importante, presta mucha atención a ese momento en el que la persona dice su nombre y repite su nombre con una frase del estilo, *"un placer conocerte, Pedro"*. Vale, ya podemos recordar el nombre de las personas, ¿ahora qué? Mencionar el nombre de las personas te permitirá ganarte su confianza de una forma más rápida. Nos encanta que la gente recuerde nuestro nombre y nos lo digan. Creo que tú mismo te darás cuenta del poder del uso de los nombres cuando lo utilizas con una persona cercana como tu mujer, marido, novio, novia, madre, padre, hermano, hermana… Y recuerda que si sonríes es más fácil que se acuerden de tu nombre. Si prestas atención te darás cuenta del poder del nombre leyendo despacio los ejemplos que te dejo a continuación.

Frases en las que no se utiliza el nombre de la persona:
"Tengo que contarte algo"
"Es importante que prestes atención"
"Necesito un favor"

Frases en las que sí se utiliza el nombre de la persona:
"Pedro, tengo que contarte algo"
"José, es importante que prestes atención"
"María, necesito un favor"

Neuronas espejo: Seguramente hayas visto algún documental que hable sobre las neuronas espejo. El caso es que escribir algo como *"morder un limón"* o *"rascarse la cabeza"* hace que las zonas del cerebro que implican esas acciones se activen como si mordieras un limón o como si te rascarás la cabeza. ¿Te ha pasado ahora mismo y te has imaginado a ti mismo realizando esas acciones? Este fenómeno lo puedes usar a tu favor. Un ejemplo claro está en el éxito de los vídeos de Youtube de *"unboxing"*, es decir, abrir la caja de algún producto nuevo y mostrarlo al mundo. Esto hace que la gente que lo ve, active estas mismas partes del cerebro y se genere una emoción muy similar a la que está experimentando la propia persona que abre el producto. Y si este fenómeno se realiza en directo gracias por ejemplo al vídeo en directo, el efecto se multiplica. Por tanto, presta mucha atención a estas situaciones y crea momentos únicos en los que puedan participar otras personas.

Dos órdenes unidas: Esta técnica consiste en dar dos órdenes sucesivas para que el cerebro del receptor no pueda decir *"no"* de manera directa. Es decir, cuando dices que no a algo, normalmente te centras en una cosa en particular. Si hay dos propuestas de una dificultad similar, es más fácil que digas sí a alguna de ellas e incluso a las dos. Creo que con estos ejemplos lo entenderás más fácilmente: *"Descarga este ebook y dale a me gusta"*: La acción de descargar un ebook suena un poco más complicada, pero ambas implican hacer un click de ratón. Tu cerebro decidirá darle a me gusta, que es una acción más sencilla, y por tanto hay muchas más probabilidades de que la realices. Si se dice solo *"Descarga este ebook"* o *"dale a me gusta"*, el cerebro puede valorar la petición y decidir si accede o no. Al usar otra orden con la conjunción *"y"*, debe valorar dos acciones y en muchos casos cuesta menos realizar las dos acciones que valorarlas. Es importante que las órdenes sean muy parecidas en cuanto a complejidad. *"Termina los deberes y me avisas"*: En este ejemplo la acción de terminar los deberes suena más complicada pero implica que queda poco para terminarlos y se asocia una recompensa. Al añadir el aviso posterior, la negación se le hace más compleja para el cerebro y las probabilidades de aceptar las órdenes aumentan.

Usar "porque" en tus órdenes: Explicar la razón por la que pides algo aunque esta explicación sea trivial, hace que el receptor no se cuestione en un primer momento la razón de esta petición. En muchos casos es suficiente añadir un *"porque es importante"*, *"porque tengo prisa"* o *"porque lo necesito"* para que la persona a la que te diriges acepte tu orden. Uno de los primeros estudios sobre la importancia de la palabra *"porque"* para conseguir que las personas aceptasen casi de inmediato nuestras peticiones, lo realizó el profesor de psicología de la universidad de Harvard Ellen Langer en 1978. Resumiendo el estudio, se realizaron tres tipos de preguntas a la gente que estaba en la cola de una fotocopiadora en una concurrida universidad. *"Disculpe, tengo 5 páginas. ¿Puedo usar la fotocopiadora?", "Disculpe, tengo 5 páginas. ¿Puedo usar la fotocopiadora, porque tengo que hacer copias?", "Disculpe, tengo 5 páginas. ¿Puedo usar la fotocopiadora, porque tengo prisa?".* En el primer caso aceptaron la petición un 60%, en el segundo un 93% y en el tercero un 94%. Esta simple técnica puede ayudarte en muchas situaciones como las siguientes: *"Necesito que compres leche porque la necesito, "Necesito que compres este libro porque es importante", "Necesito los apuntes porque tengo prisa".*

Principio de escasez: Esta técnica es una de las más conocidas y usadas en ventas. ¿Cuántas veces has ido a comprar una televisión, una cámara de fotos o cualquier cosa y te han dicho que solo queda una en el almacén o la última de exposición y que no saben cuándo van a recibir más? Creo que te ha pasado y en ese momento te sientes un afortunado por tener la posibilidad de adquirir un producto que se acaba. Lo mismo pasa con productos de coleccionismo por ejemplo. El cerebro tiene que decidir rápidamente y cómo ya estabas predispuesto a la compra (aunque tu intención inicial era la de comparar bien los precios y tomar la mejor decisión), las probabilidades de venta en ese momento se disparan. Este principio se usa mucho en páginas de reserva de hoteles como *Booking* o *Expedia,* mostrando por ejemplo que *"solo quedan dos habitaciones libres a ese precio".* Además se suman frases que enfatizan este principio de la escasez como *"7 personas han reservado en las últimas 24h"* o *"hay 7 personas viendo este hotel en este momento". Ryanair* y otras compañías aéreas también lo utilizan en sus webs diciendo cosas como *"quedan solo 2 plazas por ese precio".* Pero no se queda solo ahí. Tenemos el Día sin IVA, el límite 48h, el Cyber Monday, el Black Friday... Todos estos días limitan las promociones a horas o días de forma que las ventas se disparan. Amazon, AliExpress, IKEA, Banak Importa, PC Componentes y prácticamente la mayoría de las tiendas online y offline se unen al festín del principio de escasez para aumentar sus ventas. El principio de escasez se basa en que algo que es difícil de conseguir automáticamente se vuelve más valioso. ¿Has oído alguna vez que los juguetes que están de moda para las navidades se queden sin stock muy rápido? No es porque no hayan dado abasto en la fabricación. Se trata de una estrategia bien definida para que compres una alternativa a ese juguete y más adelante compres el juguete prometido. Pero ese ya es otro tema. Posiblemente esta sea una de las técnicas que mejor funcionan para vender mucho más en poco tiempo.

Principio de urgencia: Junto al principio de escasez tenemos la urgencia generada por esta escasez. Hay que aprovechar el momento. Es ahora o nunca. El producto, el servicio o el curso solo pueden ser adquiridos durante los próximos 20 minutos y no se sabe cuándo volverán a estar disponibles. Seguro que alguna situación parecida te ha venido a la cabeza. En estos casos el precio pasa a un segundo plano y los sentimientos se apoderan de la parte racional. La urgencia para la compra es otra de las técnicas recurrentes en webs de compañías aéreas, viajes, seguros, reservas… El precio actual se queda guardado durante los próximos 15 minutos y después no se sabe. Pero el principio de urgencia no se queda solo ahí. Existen diferentes estudios sobre su poder como un interesante *paper* titulado *"The influence of brands immediacy in consumer engagement behaviors: A revised social impact model"*. ¿Has rendido más cuando te quedaban solo tres días para un examen? ¿Te planteas con más ahínco tener hijos a medida que pasan los años por presión social y biológica? ¿Empiezas a planificar tus vacaciones cuando quedan pocos días para el verano? ¿Compras los regalos de navidad, cumpleaños o cualquier otra festividad cuando se acerca peligrosamente la fecha? ¿Empiezas a comprar cremas antiarrugas al llegar a cierta edad a pesar de no tener demasiadas arrugas? ¿Buscas algún método innovador para conseguir dinero cuando tienes problemas financieros? Tener en cuenta todas estas situaciones por las que pasa cualquier persona a lo largo de su vida te permitirá darte cuenta de lo que sucede en tu cerebro. Conocerlo te hace estar alerta ante el uso interesado que puedan realizar ciertas personas o marcas para hacer que compres determinados productos que realmente no necesitas.

Sinceridad: Si hay algo que funciona bien para vender es decir la verdad. Aquí muchos me dirán que hay vendedores o personas que mienten y les va bien. Realmente no creo que sea así y si esto sucede seguramente tengan los días contados. Si un vendedor te recomienda ir a otra tienda de la competencia porque ellos ya no tienen el producto o porque en estos momentos la otra tienda lo tiene más barato implicará que ganará tu confianza para siempre. Si por el contrario se critica a la competencia no se hará otra cosa que dar publicidad y generar expectación hacia el competidor, además de conseguir un cliente menos. Y es que la sinceridad es una parte fundamental para generar confianza junto a factores como la simetría y la reciprocidad. Cuando eres sincero con alguien se crean unos vínculos difíciles de romper que permiten confiar plenamente ante recomendaciones de esta persona. Sé sincero cuando alguien te pregunte por un producto, servicio o por otra persona incluso a riesgo de perder una venta. Creo que hay pocas cosas que se agradezcan más que encontrar personas sinceras que cuentan las cosas tal y cómo las experimentan sin ocultar lo negativo y sin exagerar lo positivo. Otro claro ejemplo lo encontramos en los restaurantes en los que el camarero te recomienda algún plato cocinado en el día, que no es el más caro e incluso que no está en la carta. Si a esta recomendación se añade algún indicativo de que el plato del día no ha quedado tan bueno como en otras ocasiones y es mejor elegir otro, se empezará a crear esta confianza tan importante. Además de la exclusividad y la buena atención, vuelve a entrar en juego la sinceridad a la hora de ofrecer un mejor servicio.

Sencillez: En un estudio realizado por Google en 2012 titulado *"The role of visual complexity and prototypicality regarding first impression of websites: Working towards understanding aesthetic judgments"*, se concluía que los usuarios prefieren sitios web con baja complejidad visual y alta prototipicidad, es decir, con una estructura coherente de categorías o productos. Podemos concluir que menos es más. No intentes ofrecer varios productos a la vez, no intentes realizar varias tareas al mismo tiempo, no uses palabras complejas sin necesidad e intenta que no haya dudas a la hora de realizar alguna venta u ofrecimiento. Recuerda que nos estamos vendiendo cada día con nuestras propias acciones. Un sencillo truco para ofrecer el producto o servicio adecuado es preguntar a los no compradores previamente interesados las razones de su decisión para así mejorar el producto. En muchos casos entra en juego el factor precio, pero el precio y el valor que le da el usuario puede cambiar dependiendo de distintas situaciones. En otros casos entra en juego la calidad del producto o las expectativas que el cliente potencial tenía de este. Podemos concluir que escuchando a estas personas interesadas se pueden sacar conclusiones para crear un producto o servicio más sencillo y con el precio adecuado. Y esto mismo se puede comprobar en distintas compañías de éxito como Apple, Havaianas, Post-it, Crocs o Kleenex. Por último añadir que esto mismo parece que pasa también con la música. Según un estudio de la Universidad Médica de Viena la música simple y familiar vende mucho más.

Confianza: Ya te hablé sobre la sinceridad y te comenté que es una pieza fundamental para generar confianza. También te dije que sin confianza no hay ventas ni podemos conseguir prácticamente nada en la vida. Pero aún no te he comentado que una de las mejores formas para generar confianza es predicar con el ejemplo. Cuando la marca de gafas *Hawkers* consiguió que famosos y grandes figuras del deporte llevaran sus gafas, a parte del *efecto Halo* del que te hablaré más adelante, se generaba la confianza necesaria por parte del espectador gracias a la credibilidad previa que tenían estas personas. Si una persona en la que se confía, respetable, famosa y con dinero, lleva esas gafas, las características de esta persona y por tanto la alta calidad del producto, se asocian a este de forma inconsciente e inmediata. Si alguien ha llegado a una situación a la que tú mismo quieres llegar y se puede comprobar fácilmente, esta persona está generando mucha más confianza que otra que intente convencerte de que su sistema es infalible pero que ni el mismo ha llegado a esta situación de éxito que predica. Por ejemplo, imagina que alguien con 100 seguidores en una red social crea un curso para conseguir 100.000 seguidores. en una semana. Nadie confiará en esta persona. Si por el contrario alguien graba un vídeo cada día durante una semana y va mostrando el crecimiento de seguidores para finalmente alcanzar los 100.000 no tendrá problema en vender ese método. Por otra parte está la confianza que adquieres en ti mismo cuando has trabajado en algo durante mucho tiempo. Cuando hablas sobre un tema que conoces y manifiestas una actitud positiva, inconscientemente se transmite esa seguridad. Esto permite traspasar esta confianza propia al resto de personas con las que hables y rápidamente te situarán como experto en ese sector. Un buen truco para definirte es preguntar a personas cercanas, en qué trabajas, qué se te da bien o en qué puedes ayudar a la gente. Te sorprenderás con sus palabras que seguramente sean las mismas que buscarían en Google cuando necesiten contratar a alguien de tus características. Si puedes usa la grabadora del móvil para analizar bien estas respuestas.

El poder del NO: Hay pocas cosas que generen una actitud más negativa que el uso de la palabra *"no"*. Cuando alguien te dice que no a algo tu cerebro se revela y se cabrea.

"No tenemos zapatos de tu número"

"No nos quedan esos pendientes"

"Esto no es posible"

"No eres bueno en esto"

"No tienes posibilidades"

"No sigas así"

"No te comportes de esta manera"

Pero hay un lado positivo en todo esto y conocer esta técnica te permitirá dar órdenes (y que se obedezcan) de una forma mucho más convincente y efectiva. Cambia *"No olvides cerrar la puerta"* por *"Acuérdate de cerrar la puer-*

ta". Cambia "*No te comportes de esta manera*" por "*Recuerda lo que pasó la última vez*". Cambia "*No sigas así*" por "*Así es complicado conseguir algo*". Siguiendo este principio podemos persuadir de una mejor forma sin traspasar tanta negatividad al receptor. Además hay una forma de contrarrestar y justificar esta negatividad cuando se usa la palabra "*no*", y es añadiendo la frase "*a menos que*". Aquí tienes varios ejemplos: Cambia "*No compres esto*" por "*No compres esto a menos que estés completamente seguro*". Cambia "*No sigas así*" por "*No sigas así a menos que quieras acabar sin amigos*". Incluso puedes transformar algo negativo en positivo con frases como "*No leas mi blog a menos que quieras impresionar a tus amigos*" o "*No tomes una decisión ahora a menos que realmente quieras*".

Acabar con un "o": Esta es una técnica muy interesante y a pesar de que no he encontrado ningún estudio, funciona y lo puedes comprobar por ti mismo. Con el objetivo de obtener el permiso para hacer algo acaba tu frase con un "*o*" sostenido. Aquí tiene un ejemplo concreto: "*¿Me puedo ir un poco antes o…?*". De esta forma el receptor no puede rellenar la frase con un "*no*" ya que ese "*no*" solo rellenaría tu frase y no se interpretaría como una negación. En muchas ocasiones te podrá responder con algo como "*Si has terminado puedes irte*". En esa situación también se podría decir "*¿Me puedo ir un poco antes porque tengo prisa?*" como ya vimos anteriormente. Algunos otros ejemplos:

"*¿Puedes ayudarme ahora o…?*"
"*¿Me lo vas a regalar o…?*"
"*¿Vas a comprarlo o…?*"
"*¿Lo necesitas realmente o…?*"

Podría decirte pero…: A nadie le gusta que le dejen a medias… Con esta técnica podrás generar expectación cuando quieres contar algo. La técnica consiste en comenzar la frase con "*podría decirte…*" y continuar con lo que quieres que la persona a la que te diriges escuche para después añadir un "*pero*" negándolo. De esta forma será esta persona la que acabe interesada. Ejemplos:

"Podría decirte muchas razones por las que tener un blog pero no lo voy a hacer"
"Podría contarte la historia de Pedro pero no es el mejor momento"
"Podría decirte mil formas de ganar dinero pero seguramente no te interese"
"Podría contarte 7 claves para ser feliz pero creo que no estás preparado"
"Podría enseñarte las mejores playas de la zona pero parece que no tienes tiempo"

No parecer tonto: La gente no quiere quedar como tonta cuando no sabe o no está segura de algo. Por eso cuando alguien pregunta si se ha entendido una explicación muy poca gente dice que no aunque no haya quedado claro. Es un problema muy habitual que aparece en colegios, institutos, universidades, conferencias, centros de formación… Está ligado con el principio de aceptación social y la mayoría de las personas prefiere quedarse con la duda antes de exponerse delante de una muchedumbre y quedar en ridículo. De hecho, este es uno de los miedos más infundados a los que nos enfrentamos prácticamente a diario, el miedo a quedar en ridículo. Y sin embargo, son las personas que más preguntan las que más aprenden y normalmente las más valoradas. El caso es que sabiendo esto puedes utilizar esta técnica para dar mayor credibilidad a lo que digas usando algunas de estas frases:

Como ya sabes…
Seguramente hayas oído ya que…
Como ya te habrás dado cuenta…
Como es obvio…
Como es lógico…
Como es de esperar…

Y para que transmitan esa confianza que representan las frases es importante actuar con seguridad, por lo que practicar una y otra vez antes de dar una presentación es muy importante.

Usar "Cuánto" "Cuándo" y "Cómo" con estilo: Hay veces en las que quieres dar una orden pero ya has probado en otras ocasiones y esta no tiene ningún efecto. Si tienes hijos seguramente hayas pedido en más de una ocasión que se ordene la habitación usando la frase *"Ordena tu habitación ahora mismo"*. En algunas ocasiones seguramente esto no funcione al primer intento. Puede que tampoco al segundo ni al tercero. Pero, ¿has probado a lanzar un reto preguntando lo siguiente?: *"¿Cuánto tardarás en ordenar tu habitación?"*. Estas técnicas no siempre tienen que funcionar al 100%, pero hay profesionales que han comprobado su eficacia como la neurolingüista Alicia Eaton que comenta varios casos en su libro *"Words That Work: How To Get Kids To Do Almost Anything"*. Por otra parte en lugar de decir *"¿Sabes que mi método puede ayudarte a crear un blog de éxito?"* di *"¿Te interesa saber cómo mi método puede ayudarte a crear un blog de éxito?"*. De esta forma la orden pasa a un nivel más liviano y hace más difícil que la persona pueda negarse. Esta técnica la usan mucho los jefes que han estudiado técnicas de persuasión. A partir de ahora fíjate cuando alguien la intente usar contigo.

Preguntas de doble alternativa: El objetivo de esta técnica es evitar que el receptor pueda decir *"no"* para que tenga que elegir alguna de tus dos propuestas. En lugar de preguntar *"¿Estás interesado en comprar estas gafas?"* mejor pregunta *"¿Prefieres que las envuelva para regalo **o** son para ti y te las llevas puestas?"*. Seguramente algún vendedor haya usado esta técnica contigo previamente. Haz memoria. Aquí van más ejemplos: Cambia *"¿Quieres cenar esta noche fuera?"* por *"¿Dónde quieres cenar esta noche? ¿En el japonés o en el italiano?"*. Cambia *"¿Quieres que nos veamos otro día?"* por *"¿Cuándo nos vemos el sábado o el domingo?"*. Cambia *"¿Quieres hacer deporte?"* por *"¿Quieres salir a correr o a montar en bici?"*. Como te habrás dado cuenta una de las claves para que esta técnica funcione es ser lo más específico posible. Por tanto, intenta siempre no dejar que la otra persona deje libre su mente para que se imagine cosas que no son. Con la pregunta *"¿Quieres hacer deporte?"*, la persona puede imaginarse haciendo algún deporte aburrido o cansado que no le guste. Al dar dos opciones sin posibilidad de elegir otras y sin abrir la puerta a decir no, es mucho más factible que se acabe decantando por una de las dos. En definitiva, es más fácil para el cerebro tomar una decisión.

Lo positivo al final con un *"pero"*: Muy atento a esta frase: *"Creo que eres una gran persona pero aún me falta conocerte"*. Ahora compárala con esta otra: *"Aún me falta conocerte pero creo que eres una gran persona"*. ¿Te has dado cuenta del cambio de percepción? La frase viene a decir lo mismo pero el orden afecta y mucho. Después de algo positivo añadir un *"pero"* y terminar con una frase negativa hace que la frase entera sea percibida como negativa. Esta técnica simplemente consiste en terminar las frases con la parte positiva y te permitirá causar una mejor impresión. Además conseguirás que esta negatividad no se traspase a la imagen que esta persona se hace de ti. Un par de ejemplos: Cambia *"Creo que eres una persona apta pero tengo que entrevistar a más personas"* por *"Aún tengo que entrevistar a más personas pero creo que eres una persona muy apta"*. Cambia *"La presentación está bien pero le faltan datos importantes"* por *"A la presentación le faltan datos importantes pero en general está bien"*. Este mismo sistema puedes aplicarlo cuando des presentaciones ya que un buen final puede eclipsar una presentación mediocre y mejorarla notablemente. Hay otras ocasiones cuando quieras hacer una crítica en las que un *"pero"* puede ser sustituido por un *"y"* para que la persona entienda de forma indirecta la orden sin ser considerado algo negativo. Solemos creer que lo correcto es decir algo así: *"Has hecho un muy buen trabajo este curso pero si te hubieras esforzado más habrías sacado mejores notas"*. Ponte en el lugar de la persona o el niño al que le dices eso. En cuanto se añade el *"pero"* se pierde parte de la credibilidad de esa primera frase. Para solucionarlo podemos decir: *"Has hecho un muy buen trabajo este curso y si sigues esforzándote sacarás mejores notas mes a mes"*. En el libro *"Cómo ganar amigos e influir sobre las personas"* escrito por Dale

Carnegie se comentan este y muchos otros muchos casos para influir en las personas de forma positiva.

Secuencia de afirmaciones: Cuantas más veces el receptor diga o piense la palabra *"sí"* más probabilidades hay de que diga *"sí"* a la compra. Pero esto, ¿cómo se consigue y cómo lo usan los vendedores? De nuevo vamos con un ejemplo: Imagina que estás en una agencia aseguradora y el agente te dice lo siguiente: *"Para usted la seguridad de su familia es prioritaria. Haría cualquier cosa para protegerlos. Le preocupa su futuro. Por tanto invertir en nuestro seguro de vida es la mejor opción"*. Tu mente responde inconscientemente a todas las frases con un rotundo sí. Son sentencias que no tienen otra respuesta posible. Por tanto, la última frase hace que sea muy natural asociarla con otro sí. Vamos con otro ejemplo: *"¿Estás cansado de tu jefe? ¿Te gustaría trabajar desde tu casa? ¿Te gustaría ser tu propio jefe? ¿Te gustaría poder vivir de en un paraíso? Entonces mi método probado es la mejor opción para ti"*. De nuevo aparecen una serie de frases cuya respuesta es muy probable que sea un sí rotundo, por lo menos para el público objetivo al que te dirijas. Muy relacionado con la secuencia de afirmaciones están las repeticiones positivas, que consisten en repetir comportamientos, frases o actitudes hasta que son consideradas hábitos por parte del cerebro. Esto permite que llegado el momento el usuario lo vea como algo normal y puede producirse la compra, la aceptación o la acción. Aquí la frase *"el que la sigue la consigue"*, puede resumir a la perfección esta técnica. De hecho, repetir constantemente vídeos propagandísticos, ha sido y es una de las técnicas más usadas por sectas y otros grupos para el lavado de cerebro y para conseguir información. Diane Benscoter dió una charla TED titulada *"How cults rewire the brain"* que te recomiendo que veas. Ahora que ya conoces estas técnicas úsalas con prudencia y de nuevo estate atento cuando alguien las utilice en su propio beneficio.

Lo dice otro: Para influenciar sobre la calidad de algo comenta que lo ha dicho otra persona o institución de referencia o incluso usa las frases de recomendación de otras personas. Se genera mucha más confianza si no eres tú o una empresa la que recomienda su propio producto o servicio y es otra persona o institución reconocida la que lo hace. De ahí surge una parte del éxito de plataformas como TripAdvisor, Booking o Amazon en las que encuentras opiniones reales de clientes. Aquí van algunos ejemplos: *"Esta es la crema que mejor funciona según la ciencia"*, *"Cómo hacer la pizza perfecta, según el mejor pizzero del mundo Jesús Marquina"*, *"Esta es la mejor carne picada según un estudio de la OCU"*, *"Messi, el mejor futbolista de la historia de LaLiga según un estudio elaborado por el Centro de Investigaciones de Historia y Estadística del Fútbol Español (CIHEFE)"*, *"María, lee este artículo ya que el profesor dice que es el más importante"*. Aunque también nos podemos encontrar cosas como esta: *"Según un estudio de Netflix, la mejor forma de acercarse a su hijo adolescente es ver sus series"*. Como aclaración decirte que es muy importante que esta persona o institución que cites sea conocida por parte del receptor y que sea una frase real, de lo contrario la técnica puede producir el efecto contrario. Otra forma de persuadir y dar más valor al producto o servicio es utilizando este mismo concepto pero indicando que alguien ha realizado un gran esfuerzo para conseguir el producto o acceder al servicio. Ejemplos: *"Hay varias personas que han venido desde México exclusivamente para acudir a este evento"*, *"es increíble que haya vendido su coche para poder comprar un iPhone"*, *"se ha gastado el sueldo de un mes para comprar las entradas"*. Incluso podemos usar esta técnica para influenciar en una persona y conseguir que se despierte un deseo sobre ti mismo: *"A mi amiga le pasó algo muy extraño, el otro día se le apareció una persona y le dijo que estaba deseando besarle"*.

Utiliza sus mismas palabras o acciones: Las encuestas y los emails con preguntas son una fuente increíble de frases para utilizar en tus textos. Esta técnica consiste en escuchar, es decir, estar atento a lo que las personas dicen, qué dudas tienen, cuáles son sus mayores dificultades. Te recomiendo usar el email marketing para realizar estas preguntas a tus suscriptores o incluso las propias redes sociales. También preguntar directamente a las personas cercanas. En base a estas respuestas debes usar parte de ese valioso contenido para redactar los textos de tus cartas de venta, para dirigirte a ellos, para grabar tus vídeos, para titular tus artículos… Si una persona utiliza unas palabras concretas hay muchas posibilidades de que otras personas utilicen las mismas y por tanto la gente se sentirá enseguida identificada con el problema y con la solución que propones. Uno de los impedimentos más comunes para que la gente se apunte a distintos cursos y que la gente me cuenta prácticamente a diario consiste en un problema de tiempo. Me suelen escribir: *"Me gustaría apuntarme a los cursos porque me han hablado muy bien de ellos pero no tengo tiempo"*. El problema del tiempo en realidad no es más que un engaño a uno mismo ya que no existe tal problema y más bien es un problema de prioridades. Si realmente quieres hacer algo sacas el tiempo de donde no lo hay. Te levantas más temprano, dejas de hacer alguna otra cosa como ver la televisión, ir a cenar un restaurante o escuchar música, etc. Lo que funciona bien es añadir textos en las descripciones de los cursos y redactar emails indicando lo siguiente: *"¿Te gustaría apuntarte a este curso pero no tienes tiempo? No te preocupes, el curso está pensado para gente sin tiempo y hay un plan personal centrado en las pocas horas que puedas sacar al mes"*. Cómo ves el problema inicial se reduce notablemente. Esta misma técnica se puede usar en conversaciones de la vida diaria de forma que la persona se sienta más cercana a ti. Si la persona con la que estás hablando habla muy rápido tú también deberías hablar un poco más rápido. Si ves que está emocionada, emociónate tú también. Si cruza las piernas, espera unos segundos para hacerlo de manera natural y crúzalas también. Otro truco consiste en repetir algunas de sus expresiones. Si por ejemplo la persona dice *"Es que esto no puede ser"* tú puedes validar su frase con *"efectivamente, es que eso no puede ser"*. Con todo esto estás demostrando que empatizas con la persona y además demuestras que estás atento a su discurso.

¡Detente un momento!: *"Detente un momento y piensa todo lo que vas a lograr controlando las técnicas de persuasión de este libro"*. ¿Lo has pensado? Hazlo ahora mismo. Te doy un minuto. He conseguido que tu cerebro preste atención y realice la acción que quería desde el inicio como por arte de magia.

Usar la frase *"detente un momento"* hace que tu cerebro reciba una señal de alerta y por tanto esté más interesado en lo que se dice a continuación. *"Detente un momento y piensa todo lo que vas a ahorrar con estos cupones"*, *"detente un momento y piensa cómo van a alucinar tus amigos cuando te vean con el nuevo coche"*, *"detente un momento e imagina lo que pasaría si sales en televisión"*.

Posibilidad: A nadie le gusta que le ordenen hacer algo o comprar algo. Ya te lo he dicho en más de una ocasión. Existe una técnica que consiste en añadir una posibilidad a la acción que quieres que realice la otra persona. Por ejemplo, cuando quieres que alguien conduzca un coche en lugar de decir *"conduce el coche"*, puedes decir: *"Si conduces podrás saber lo bien que se siente uno al conducir este coche por la calle"*. Los vendedores de muebles también usan esta técnica para aumentar sus ventas: *"Tal vez usted ya haya tomado una decisión y quiera que le llevemos los sillones a su casa hoy mismo"*.

Compromiso: Si consigues que el posible cliente se comprometa es más probable que compre el producto. *"¿Quién quiere ser más feliz?"* ¡Yo! Responderán los oyentes al unísono. ¿Quieres tener más dinero para poder viajar? Los vendedores te pedirán que respondas e incluso que escribas un "Sí" con letras mayúsculas (escribir compromete aún más). ¿Quieres tener más tiempo para hacer lo que quieras? Sin darte cuenta estás comprometiéndote con la otra persona y cuando te ofrezca el producto o servicio ya será tarde para echarte atrás. Ya te hablé de la técnica de la secuencia de afirmaciones y esa técnica se fundamenta en el compromiso que vas adquiriendo tu mismo con la otra persona. Hay pocas cosas que te hagan sentir peor que comprometerte a algo y finalmente no hacerlo. Aquí entran conflictos internos pero también sociales, ya que perderás credibilidad hacia el resto de personas presentes. Lo bueno es que tú eres el que ahora puede tomar la decisión de comprarlo o no. Si han usado estas técnicas ya sabes que están intentando manipular tus decisiones y estarás en tu derecho de cancelar el compromiso adquirido. También te hablé sobre el compromiso adquirido por parte de los padres con respecto a los regalos navideños y lo que esto implica.

Hay veces que deberás aceptar el compromiso a pesar de conocer la estrategia. Eso sí, la próxima vez podrás tomar una mejor decisión.

Amplificar dos razones: *"En este momento no es importante que pienses cómo van a mejorar tus habilidades de persuasión, lo importante es que practiques dos minutos al día".* He lanzado dos órdenes. La primera contiene una negación pero dicha de una forma que por el simple hecho de leerla u oírla ya la vas a realizar. Tras esta negación puedo pedirte que realices otra acción sencilla en la que enfatizo la primera frase. Si te das cuenta esta técnica es muy potente. Estás logrando persuadir a la persona para realizar una acción de forma inconsciente, para acto seguido conseguir que al menos se planteé realizar también la otra. *"Ahora no es importante que recuerdes las ventajas y beneficios de mi curso, lo importante es que aproveches el precio por el que te lo vas a llevar hoy mismo".* *"En este momento no es necesario que recuerdes todo lo que estás aprendiendo con este libro, lo importante es que se lo recomiendes a alguien".*

Credibilidad exagerada: Otro de los factores clave para influenciar y persuadir es ser creíble con lo que decimos. Y para ser creíble se deben dar datos reales y mostrar que no somos perfectos. A continuación voy a mostrarte algunos ejemplos que puedes utilizar para aumentar la credibilidad de tus textos, conversaciones o vídeos. Si por ejemplo acabas de lanzar una agencia de vídeo marketing puedes decir: *"Somos nuevos en el mercado y aún estamos mejorando la edición de nuestros vídeos pero, ¿sabías que ya contamos con los mejores métodos de creación de vídeos de venta con los que se generan miles de euros?".* Otra técnica para aumentar la credibilidad es aportar valores exactos. Di *"Nuestra dieta te permitirá perder 7kg en 2 meses"* en lugar de redondear y decir *"Nuestra dieta te permitirá perder más de 8kg rápidamente".* ¿Te suena haber leído algún artículo de gente que gana 8.941€ al mes? Si dicen que ganan 9.000€ al mes no suena creíble ya que es casi imposible ganar esa cantidad exacta.

¿No es así? ¿No te parece?: Añadiendo una pregunta al final de tu frase hará que el receptor esté más influenciado para estar de acuerdo con la afirmación previa. Esta técnica puede complementar muchas de las técnicas vistas con anterioridad. Ejemplos: *"Es fácil utilizar estas técnicas de persuasión en tu vida diaria, ¿no es así?"*, *"es importante relacionarse con personas positivas, ¿no te parece?"*, *"en la actualidad es necesario obtener el mayor beneficio con la menor inversión, ¿no crees?"*.

Principio de reciprocidad: Este principio es uno de los más conocidos y estudiados en psicología. De hecho hay innumerables estudios que lo han analizado como el estudio titulado *"El principio de reciprocidad desde la perspectiva sustantivista"* de Patricia Nettel Díaz o el estudio *"Reciprocity in social networks - A case study in Tamil Nadu, India"* realizado por varios profesores universitarios. En resumen, si haces un favor a alguien este se sentirá en la obligación de devolverte el favor. Aquí van algunos ejemplos del día a día que aplican a este principio y que puedes utilizar para generar una necesidad por parte de la otra persona a devolverte el favor: *"Yo te llevo a casa"*, *"yo te invito hoy"*, *"yo te llevo la maleta"*. Otro claro ejemplo se produce durante los cumpleaños, bodas, comuniones o acontecimientos en los que socialmente está reconocida la casi obligación de ofrecer algún regalo. Si acudes al evento y entregas un regalo, la otra parte te *"deberá"* un regalo de características similares la próxima vez que seas tú el implicado. En caso de no cumplir con este principio la otra persona es muy probable que te considere una persona sin principios.

Prueba social: Ya he mencionado el factor de prueba social con anterioridad. Necesitamos saber que hay más gente que haya hecho o comprado algo para sentir que estamos tomando una buena decisión. Pero también necesitamos que den el visto bueno a nuestras acciones. ¿Has preguntado alguna vez a otra persona qué le parece la ropa que llevas puesta? ¿Has llamado a algún amigo antes de salir para ver si van a llevar zapatos o zapatillas? ¿Has preguntado a algún amigo informático qué le parece la nueva web que has creado? Seguramente hayas respondido que sí a alguna de estas preguntas a pesar de que tú mismo puedes tomar una decisión válida. Esta prueba social que necesitamos todos se refleja en muchas campañas de tv, radio y prensa. De nuevo aquí van algunos ejemplos: *"Han saltado en paracaídas 10.000 personas con esta empresa"*, *"ya hay 30.000 emprendedores apuntados"*, *"ya somos más de 200 alumnos"*, *"tenemos más de 10.000 clientes que nos confían su publicidad año tras año"*.

Inconsciente social: Hay ciertas normas en la sociedad que nuestro cerebro acepta de forma inconsciente. Por ejemplo que si hay un asiento más grande de lo normal en un autobús asumimos que deberíamos ceder el asiento a una embarazada o si estamos en una biblioteca debemos mantenernos en silencio. Tomando esto como premisa podemos usarlo en nuestro favor ante distintas situaciones. Si somos profesores y los alumnos no paran de gritar, se podrían poner varias estanterías con libros en la clase y un cartel en la puerta indicando algo como *"Bienvenido a la biblioteca del saber"*. De esta forma e inconscientemente los alumnos asociarán la clase con la biblioteca y hay muchas más probabilidades de que el nivel de atención aumente así como que se mantengan en silencio. En la serie de televisión *Brain Games* de National Geographic Channel puedes encontrar muchos experimentos sociales.

Sentimiento de pertenencia al grupo: Únete a la comunidad. La tribu. El clan. Algo muy común es dar un nombre a los miembros de una comunidad para aumentar ese sentimiento de pertenencia. Beliebers, Youtubers o Hooligans son algunos ejemplos. Esto crea en el cerebro un sentimiento de pertenencia al grupo que aporta distinción y diferenciación del resto. Salir de él implica la pérdida de ese estatus conseguido. Involucrar al grupo en la toma de decisiones es otro punto importante.

Simpatía por la persona: Si le caes bien a alguien tienes más probabilidades de poder persuadir. Sonríe siempre que puedas y ten muy en cuenta esa primera impresión que creas porque no hay segundas oportunidades para crear una buena primera impresión. El atractivo físico e ir bien vestido también son puntos importantes para ser considerado una persona simpática, por lo menos en una primera impresión. Por otra parte si una persona famosa con la que te identifiques por su forma de vida y creencias recomienda un producto, sentirás más predisposición a comprarlo que si lo hace otra persona.

¿Cuánto pagarías por ...?: Si tú eres el que pone precio a los beneficios que se pueden conseguir con tus productos o servicios y no al producto en sí o a sus características, le darás un valor real a lo inmaterial y de esta forma el cliente potencial parte de una base para tomar una decisión. Si no aportas ese dato y le preguntas *¿cuánto pagarías tú?*, entonces el cliente potencial tirará por lo bajo y todo le parecerá caro. Esta técnica la he usado en ocasiones en el *copy* de mis cursos y funciona realmente bien por lo que te sugiero que empieces a probarla cuanto antes. Ejemplo: *"¿Cuánto pagarías por cambiar tu vida para siempre, no tener horarios ni jefes, trabajar desde donde quieras y generar ingresos cada mes? ¿1.000€? ¿2.000€? ¿3.000€? ¿Más?"*. Después de leerlo, en tu mente ya aparece una referencia que puede parecerte cara o barata. Lo que está claro es que si el precio real que has puesto es menor de esos valores entonces la percepción generada hacia el lector será de oportunidad. Como es lógico el precio debe ser coherente con lo que se ofrece y hay que estar atento a los precios del mercado, pero esta técnica junto a la diferenciación permite que el precio de la competencia no sea tan importante a la hora de tomar una decisión.

Autoridad: Si una persona influyente o una persona con mucha autoridad como un famoso recomienda un producto es más probable que haya muchas más ventas. De esto ya te hablé con el ejemplo de *Hawkers*. Antes de que se me olvide vuelvo al *efecto Halo* que en lo que nos interesa, consiste en extrapolar una característica positiva de una persona a un producto, marca o persona. Es decir, si un deportista famoso nos recomienda unas zapatillas de deporte asumimos que por el hecho de que esta persona las recomiende van a ser buenas. Por eso las grandes empresas contratan a famosos para hacer sus anuncios ya que estos pasan esa autoridad a su marca y el mensaje es más creíble. Existen innumerables estudios sobre este efecto como el realizado por Lauren Cotter de la universidad de Bucknell titulado "*Self-Perceived Attractiveness and Its Influence on the Halo Effect and the Similar-to Me Effect*". El caso es que tener autoridad es un proceso que requiere tiempo, aunque existen métodos que permiten adquirir mucha autoridad en poco tiempo. Seguramente te suene el hecho de que cantantes cuyo nombre no habías escuchado nunca antes se sitúen como por arte de magia en los primeros puestos de las listas de éxitos musicales del mundo. Una de las primeras reacciones es la de pensar que no estás al día de las tendencias musicales y por tanto es alguien nuevo para ti pero no para el resto de personas. El hecho es que realmente nadie conocía a este nuevo cantante y detrás hay una gran estrategia de marketing que permite a gente desconocida, normalmente con talento, darse a conocer y adquirir una autoridad inimaginable en cuestión de días.

El lenguaje del cuerpo: El potencial del lenguaje del cuerpo para validar y corroborar todas las técnicas vistas y en definitiva hacer más creíble nuestro mensaje es enorme. Este asunto da para un libro entero, o mejor dicho para muchos. *El Lenguaje del Cuerpo: Cómo interpretar a los demás a través de sus gestos* de Allan Pease y Barbara Pease, *El Libro de los Gestos y su Significado: Lenguaje No Verbal Kinésico* de Christian Alejandro Venegas o *La gran guía del lenguaje no verbal: Cómo aplicarlo en nuestras relaciones para lograr el éxito y la felicidad* de Teresa Baró Catafau son algunos ejemplos. El subconsciente recoge esas miradas que delatan mentiras, esos pequeños gestos de rabia, esos movimientos de manos que muestran nerviosismo. Controlar y saber interpretar estos gestos (además de nuestras emociones por ejemplo con la meditación), nos permitirá enfatizar nuestro poder de convicción y mejorar nuestro arte para persuadir e influenciar de manera positiva en las personas. Y cómo no, deberemos estar atentos a estos gestos que inconscientemente harán que nuestras decisiones se vean afectadas. Vemos ejemplos prácticamente a diario, pero si hay personas que utilizan mucho el poder del lenguaje corporal estos son los políticos. Un golpe en el atril, levantar las manos, comenzar a aplaudir, salir corriendo al escenario… todo está perfectamente estudiado para que antes de decir una sola palabra, el público ya haya tomado acción y haya disparado su adrenalina. Hay tres técnicas que creo es interesante que recuerdes y pongas en práctica desde ahora mismo. También para que puedas detectar este lenguaje corporal del resto de personas y poder tomar acción y mejores decisiones. La primera consiste en mantener el contacto visual con la otra persona para demostrar interés. Pero sin pasarte ya que puede dar la impresión de estar mintiendo. El contacto visual controlado permite generar además confianza y seguridad. Intenta a partir de ahora mirar a la gente a los ojos cada vez que tengas una conversación o des una charla pero no más de 10 segundos seguidos. La segunda se centra en las manos y en concreto en señalar con el dedo índice manteniendo el puño cerrado. Con este gesto se demuestra poder y dominio, y como ya te habrás dado cuenta, es un gesto muy utilizado por los políticos. Y la tercera y última consiste en detectar los brazos cruzados. Con esto me refiero a que te des cuenta si tú mismo lo haces ya que es una postura que indica estar a la defensiva y muestra poco interés hacia el resto de personas. Lo normal es realizar algunos de estos gestos y muchos otros sin darnos cuenta, de forma inconsciente, pero prestando un poco de atención podremos adaptar los nuestros y *"leer la mente"* de las personas en función de los suyos.

Palabras que riman: La gente cree más las cosas que riman. Parece una tontería pero es así. Si quieres emprender, hay que saber vender. Para vender tus productos, servicios o incluso venderte a ti mismo como profesional en una entrevista de trabajo o en una carta de presentación debes intentar que tus palabras sean fáciles de recordar y para eso nada mejor que utilizar algunas palabras que rimen. Es el mismo principio que funciona a la hora de memorizar números de teléfono (por eso hay números de teléfono bonitos y feos). Por tanto, a la hora de hablar y sobre todo en situaciones en las que necesites vender algo intenta usar palabras que rimen.

La puerta en la cara: Pide siempre el doble de lo que quieras conseguir para luego negociar.

Grandes ideas: Pasea por zonas nuevas para crear grandes ideas. Si estás atascado con un problema túmbate durante 60 segundos.

Márcate metas superiores: Márcate metas superiores a las que quieras conseguir y así todo te parecerá más sencillo.

Libera tu cerebro: Cuando anotas algo el cerebro se libera y esto además ayuda a recordarlo.

El principio de inconsistencia: Si cambias de opinión la gente no confiará en ti. Trata de ser coherente con lo que dices.

Come con tu otra mano: Aunque es un ejercicio que puedes probar implica más un cambio de mentalidad para abrirte a pequeñas nuevas aventuras. Se puede resumir en una frase: ¿Qué es lo último que has hecho por primera vez? Puedes hacer cosas nuevas cada día.

La solución mientras duermes: Repasa los problemas que tengas antes de dormir y tu cerebro encontrará la solución mientras duermes.

Espera 10 minutos: Espera 10 minutos antes de comprar o tomar cualquier decisión precipitada de forma que baje la dopamina. Por la noche estás más cansado y por tanto trata de tomar decisiones importantes que afecten a tu bolsillo y a tu futuro por la mañana. Seguramente hayas comprado algún billete de avión en oferta por la noche y al día siguiente te has arrepentido por haber añadido algún dato erróneo.

Empieza contando historias: Empieza contando historias para captar la atención. Cuenta una buena historia personal para que la gente no se olvide de ti. ¿Te has preguntado cómo hay gente que es capaz de recordad gran cantidad da datos y cifras en poco tiempo? Recuerda cualquier cosa más fácilmente incluyendo datos en una historia. Al cruzar una puerta el cerebro vacía la basura. Recuerda lo que necesites antes de salir de una habitación. ¿Se te olvida algo? Da unos pasos hacia atrás y será más fácil recordarlo.

Fija un límite: Fija un límite de pérdida y ganancia antes de entrar en un casino.

Pide consejo: Si tienes dudas sobre algo pide consejo a una persona que ya haya pasado por esa situación.

No te fíes de tu instinto: No te fíes de tu instinto en juegos de azar.

Confía en tu instinto: Confía en tu instinto en juegos de habilidad como el póker o a la hora de contratar a alguien.

El efecto epicentro: Nuestros puntos débiles suelen ser invisibles para los demás. La mayor parte de nuestros miedos solo están en nuestra cabeza.

Identifica a un mentiroso: Identifica a un mentiroso observando su lenguaje corporal, normalmente brusco y poco natural o con poco movimiento. Pide que te cuente la historia desde el final para comprobar si es cierta. Si te miran en exceso a los ojos, te dicen "si te digo la verdad" o usan un lenguaje muy formal es posible que te estén mintiendo.

¿Pocos clientes en tu restaurante?: Sienta a tus clientes en las ventanas para que parezca un local popular.

¿Poca gente en tu discoteca?: Aunque el local no esté lleno haz que se monten colas de espera de forma que la gente vea que es un local popular. Esta es una técnica muy usada en locales de fiesta.

Antes de un examen: Duerme bien antes de un examen para que el cerebro ordene, desarrolle y recuerde las ideas.

La temperatura productiva: Los trabajadores son más productivos con una temperatura ambiente de 22° durante invierno y 26° en verano.

Cuidado con el asco: Si tienes que ir a trabajar enfermo la gente pensará que no eres de fiar. Lleva ropa azul. El asco es un mecanismo de defensa natural. Usa billetes limpios y nuevos para gastar menos. Viejos y sucios queremos deshacernos de ellos.

Evita las compras compulsivas: No toques prendas o productos para evitar compras compulsivas. Tocar nos hace sentir en pertenencia de ese producto y será más difícil no adquirirlo. Por eso muchos dependientes insisten en que te lo pruebes y la mayoría de las tiendas online disponen de devoluciones gratuitas. En invierno un café caliente ayuda a decidirse y comprobarás que lo ofrecen en algunas boutiques, evita sillas cómodas para negociar mejor y los productos de mayor peso parecen más caros. Todos estos pequeños detalles afectan en las ventas.

El sonido nos afecta: El sonido al cerrar las puertas de los coches está creado para dar sensación de seguridad. No es un sonido producto de la casualidad.

Un color para ti: Utiliza una corbata roja para dar una mejor impresión. Los vestidos rojos manipulan nuestro cerebro Viste de rojo para intimidar a tus oponentes. El azul mejora nuestro pensamiento creativo y el verde reduce el estrés. Para caer bien a la gente viste igual que las personas a las que quieres impresionar.

El comodín del público: Finge que estás en "Quién quiere ser millonario" para tomar la mejor decisión preguntando al público y acertarás en el 91% de los casos según diversos estudios. Cuanto mayor sea el número de personas a las que preguntemos más exacta será la respuesta.

Cuando comprar un coche: Al comprar un coche acude al concesionario al final de mes ya que necesitan cerrar las ventas del mes y podrás regatear más.

Trucos para adelgazar: Usa platos pequeños para sentir que comes más. Coloca un espejo en la cocina para tener más consciencia de nosotros mismos y comer mejor. Sirve menos variedad de comida si quieres comer menos. Un color de plato rojo hace que comas menos si necesitas perder peso.

El efecto Pratfall: Cuando cometemos un error usa el efecto Pratfall que consiste en reconocer tus errores. El efecto Pratfall funciona si ya eras popular pero no funciona si no tienes un reconocimiento previo.

Consigue un sí: Consigue un "sí" más fácil asintiendo con la cabeza. Usa el lenguaje corporal para que se identifiquen contigo.

Consigue un aumento: Menos del 50% de la gente pide un aumento de sueldo. Usa la técnica de suscitar el interés. Pide una cantidad extraña como 315€ más al mes para captar la atención y aumentar las posibilidades de conseguirlo. Negocia mejor centrándote en otros incentivos como más días de vacaciones, una plaza de garaje u otro despacho.

Cuánto es suficiente para ser feliz: Según diversos estudios realizados durante 2016, ganar 100.000$ al año es lo suficiente para ser feliz. Ganar más no hará que seas más feliz.

Vacaciones largas: Nuestro cerebro no recuerda una vacaciones largas. Es mejor reservar dos vacaciones de una semana que unas vacaciones de dos semanas.

El efecto animadora: Las fotos de grupo te hacen parecer más atractivo o atractiva. Es el llamado efecto animadora. El cerebro juzga el atractivo según el promedio de todas las caras.

Para probar esta semana

Cuando te presenten a alguien repite su nombre para ti y piensa en alguien conocido con el mismo nombre para anclarlo en tu mente y recordarlo. Busca algún rasgo que te recuerde a esa persona. Al hablar con él intenta decir su nombre en alto. Y como consejo te recomiendo bajar tus expectativas con respecto a lo que esperas de otras personas. Esperar mucho de alguien suele dar lugar a decepciones. Asumir que cada persona actúa de la mejor forma posible y entender que la mayoría de las personas actúan de buena fe te ayudará a mantener relaciones más sanas. Además mucha gente no sabe cómo actuar ante ciertos sentimientos encontrados y esto provoca reacciones difíciles de explicar.

DÍA 4: TOMANDO ACCIÓN

Hace unos cuantos siglos se celebró en un pequeño pueblo un concurso para talar árboles, y aunque no había leñadores profesionales el premio era muy suculento por lo que muchos probaron suerte. Tenían 10 horas para cortar el mayor número de árboles posible usando su hacha y solo había premio para el primero. Llegaron cuatro participantes a la gran final. El primero de ellos estaba muy ilusionado, era su gran sueño, pero un grupo de amigos y conocidos le dijo que no tenía ninguna posibilidad ya que se enfrentaba a los mejores del condado así que decidió abandonar antes de empezar. El segundo de ellos empezó con mucha energía y sin detenerse pero después de una hora paró en seco durante 10 minutos, repitiendo el proceso cada hora, alejándose unos metros para luego volver a cortar con energía. El tercero de ellos se dio cuenta de que el segundo leñador no iba a descansar si no que iba a afilar su hacha. Así que este quiso imitarle pero pensó que si lo afilaba durante el doble de tiempo podría cortar el doble de rápido y así cada hora en lugar de irse 10 minuto se iba 20 minutos para afilar el hacha mucho más que su adversario. En realidad el hacha no se afilaba más por mucho que estuviera más tiempo que su contrincante afilándolo por lo que esos 10 minutos extra solo le hicieron perder tiempo. Él esto no lo sabía. El cuarto leñador al cabo de un rato se dio cuenta de que le sacaban mucha ventaja y empezó a pensar y pensar por dónde sería mejor cortar los árboles para hacerlo antes que el resto. Diseñó esquemas, hizo cálculos y operaciones matemáticas complejas y tras varias horas determinó que sería más rápido cortar los árboles desde la parte superior por lo que se acercó a comprar una escalera. Cuando quiso empezar se dio cuenta de que era inestable y no podía cortar el árbol por el punto ideal según sus cálculos. Finalmente no le dio tiempo a cortar ningún árbol. Ganó el concurso el segundo participante. Fue el que tenía más conocimientos pero sobre todo fue el que tenía una estrategia y la puso en práctica sabiendo que tenía un tiempo límite.

Los leñadores de esta pequeña historia los podemos ver hoy en día con gente que intenta crear negocios o que intentan alcanzar sus sueños. Unos abandonan por lo que les dicen ciertas personas, otros quieren encontrar el método perfecto y esto hace que no tomen acción nunca o cuando quieran hacerlo ya sea tarde, algunos intentan copiar y sacar conclusiones precipitadas y otros buscan el equilibrio para alcanzar lo que se proponen analizando los resultados en cada momento. Poner fechas límites y mantener un equilibrio entre el tiempo de preparación, la estrategia y el tiempo de ejecución nos puede ayudar enormemente a alcanzar cualquier cosa que nos propongamos.

No depende de ti

Ya tenemos energía, la mente despierta y hemos mejorado nuestras relaciones personales. Llegó el momento de tomar acción, de no abandonar, de mejorar nuestra productividad. Pero todo esto, ¿depende únicamente de nosotros y de nuestro esfuerzo? En el libro *"Fuera de serie"* el autor Malcolm Gladwell habla sobre este apasionante tema. Cosas como el mes y el lugar de tu nacimiento pueden afectar de forma directa en las posibilidades que tengas para cumplir tus sueños. Pero no solo por la mayor pobreza o riqueza de una zona, si no por las características del clima o el tipo empresas e instituciones de la zona entre otros aspectos. Si nos centramos en el mes de nacimiento, no tienen las mismas probabilidades de convertirse en deportistas profesionales los nacidos en meses como enero o febrero que los nacidos en noviembre o diciembre. Y es que el crecimiento en estatura de los niños durante los primeros años de vida es muy rápido y unos pocos meses implican un gran impacto. Esto hace que, según el sistema educativo que se usa en muchos colegios del mundo, los niños son organizados por años y esto hace que un niño que ha nacido en enero vaya a la misma clase que uno nacido en diciembre, lo que provoca una diferencia significativa en cuanto a altura y capacidades cognitivas. A la hora de ser elegido para un equipo de fútbol, atletismo o cualquier otro deporte, tendrá muchas más probabilidades de ser elegido un niño nacido durante los primeros meses del año que otro nacido en los últimos por un simple criterio de mayor altura y mayor coordinación natural. Esto hace que año tras año estos niños con una ventaja a priori poco significativa, acumulen muchas más horas de experiencia para finalmente tener muchas más posibilidades de convertirse en deportistas profesionales. Existen varios estudios que demuestran estos hechos aunque el porcentaje exacto de ventaja que se consigue es difícil de medir. Por otra parte si un niño nace en Bilbao, ciudad situada en el norte de España, los niños de nuevo tienen más probabilidades de jugar en primera división de la liga Española ya que el Athletic Club de Bilbao solo admite jugadores nacidos en la provincia. Este detalle hace que se eliminen competidores a nivel mundial y por tanto las probabilidades de convertirte en jugar de fútbol de primer nivel aumenten. Por otra parte, los niños que nacen en localidades con más horas de sol también les permiten jugar durante más horas en la calle y esto hace que de nuevo las probabilidades de convertirse en jugadores de fútbol profesional aumenten.

Ser hijo único o tener uno o varios hermanos también condiciona la forma con la que interpretas la felicidad y la forma de interactuar con el mundo. El cerebro se construye de una forma completamente distinta entre los niños que crecen con hermanos o sin hermanos. El número de integrantes de la familia y la diferencia de edades también afecta de forma significativa. Los hijos únicos por ejemplo no tienen la posibilidad de compartir sus problemas en casa con alguien de su edad. Los vínculos entre hermanos crean conexiones neuronales que los hijos únicos no tienen. Todo esto hace que el cerebro se desarrolle de una forma más o menos empática con el resto de personas y permite apreciar más o menos ciertas relaciones, transmitiendo esos valores entre generaciones. Todos estos factores y muchos otros afectan de forma directa a la hora de entender la vida y buscar el éxito pero no condicionan de forma única nuestro comportamiento. La experiencia y el aprendizaje continuos nos permiten superar la mayoría de las dificultades. Tenemos la capacidad de adaptarnos y aprovechar las ventajas que cada situación nos ofrece. Saber ver las capacidades que tenemos cada uno y aprovecharlas para crear caminos alternativos nos permite construir nuestro propio futuro. De nada sirve nacer en enero, que tus padres tengan una buena situación económica y que tu lugar de nacimiento sea el más idóneo para convertirte en un deportista profesional si no aprovechas las oportunidades o simplemente tus capacidades o motivaciones son otras. Hay estudios incluso que demuestran que el año de nacimiento también afecta a la hora de desarrollarse personas con más o menos éxito. Si se nace por ejemplo entre 18 y 22 años antes de un periodo de crecimiento económico que permite crear negocios más exitosos podrás tener éxito más fácilmente. Si por contra al cumplir 18 años la situación de tu país es mala y las condiciones para montar empresas o emprender son mucho más complicadas a nivel legal o por motivos políticos todo es más difícil.

Tu idioma también tiene su importancia con respecto a tu éxito. Si por ejemplo quisieras dedicarte a las matemáticas los asiáticos tienen ventaja. Los números siguen patrones lógicos y no es necesario memorizar tanto. Además de que los números son más cortos en cuanto a sílabas. Estos niños aprenden muchos conceptos matemáticos en mucho menos tiempo que los niños europeos. Y por último los genes te condicionan a ser más positivo o más negativo, a ver el mundo de una forma u otra o incluso a tener más o menos capacidad de atención. Aún así, gracias a la plasticidad del cerebro y a las posibilidades que nos ofrece un mundo cada vez más conectado, podemos conseguir prácticamente cualquier cosa que nos propongamos y ser capaces de alcanzar el éxito y descubrir el otro éxito.

Como has visto, nosotros no somos los responsables directos de nuestros éxito pero el conocimiento y la capacidad del ser humano nos permiten caminar por el mundo que nosotros queramos construir y esto nos abre un sin fin de posibilidades. Cuando la gente abandona y tú sigues estás aumentando tus posibilidades. Cuando crees que no puedes más y continuas estás aumentando tus posibilidades. Cuando te caes y te levantas una y otra vez estás aumentando tus posibilidades. Lo más importante, el tiempo, la perseverancia, el foco, la estrategia, el propósito y la pasión son los mayores impulsores de nuestra vida. Si a todo esto le añadimos una pizca de suerte podrás destapar tu otro éxito mucho antes.

Simplifica tu vida

El concepto de vida minimalista no es nuevo. Muchos creemos que lo aplicamos pero en realidad entender hoy en día el minimalismo es complicado. Lo que creemos que es fundamental para vivir en realidad no lo es. Entra en tu habitación. Abre el armario. Mira la ropa que no te has puesto en el último año. Baja al trastero. Revisa todas las cosas que no te acordabas ni que tenías. Enciende tu móvil. Descubre todas las aplicaciones que nunca has usado. Pero hay algunas aplicaciones que ahora sí puede venirte bien y estas son las aplicaciones de compra venta de productos de segunda mano. Hazle una foto a cada prenda, juguete o producto que no hayas usado en el último año y sube anuncios regalándolos u ofreciendo un cambio por algo que realmente pueda aportar valor en tu vida. Por ejemplo libros, una guitarra para aprender a tocarla o ese micrófono que te permitirá crear vídeos o audios más profesionales. Realiza el mismo proceso con todo lo que haya en tus estanterías del salón, de los armarios de la cocina y en general de tu casa. ¿Te cuesta verdad? Sabes que la mayoría de las cosas que tienes no las necesitas y no las usas pero ese sentimiento de "por si acaso" te impide tomar la decisión. Lo sé. No es fácil. Puedes empezar por una sola cosa pero la gran diferencia está en pensar a lo grande. Ahí es donde consigues resultados extraordinarios. Y regalar cosas de valor a gente que las necesita de verdad y sobre todo que las va a dar un mejor uso es una de las acciones que más impacto pueden tener en tu vida. Si te atreves a probarlo me lo agradecerás.

Ahora piensa en tu paraíso. Una playa paradisiaca, un bosque en medio de la nada, una montaña con vistas infinitas. Visualiza ese sitio donde te gustaría vivir y empieza a tomar acción para acercarte a ese objetivo. Vete allí de vacaciones o busca los sitios en Internet que sean lo más parecido a tu sueño si aún no sabes si existen. Ahorra dinero si lo necesitas y en cuanto puedas hazte el viaje. Cuando estés allí pregunta a la gente local que vive allí cómo lo han conseguido. No tienes que vivir allí para siempre pero dar ese primer paso es importante para cumplir tus sueños. Yo utilizo un sistema que me permite tomar mejores decisiones de una forma sencilla y práctica. Consiste en crear un cuadro en el que en la fila superior escribo las distintas opciones y en la primera columna añado las características que condicionan mi decisión. Imagina que queremos elegir la mejor ciudad para vivir. En las fila superior añado las ciudades potenciales para vivir. En la columna de la izquierda añado las características que resultan importantes. Después solo habría que dar una valor de 0 a 10 a cada combinación y sumar finalmente cada columna para saber cuál es la mejor ciudad para vivir en ese momento. Lo verás mejor con un ejemplo:

	Madrid	Barcelona	Bali	Cádiz
Playa	2	10	10	10
Esquí	7	7	0	5
Emprendedores	10	10	5	6
Transporte	10	10	2	6
Total:	29	37	17	27

En este ejemplo la ciudad ganadora sería Barcelona según los criterios elegidos.

Cómo conseguir cualquier cosa que te propongas

Muchas veces tenemos nuestros sueños o ciertos objetivos materiales demasiado idealizados y tras años de trabajo y sacrificio podemos llegar a conseguirlos y en ese momento resulta que no era como lo habíamos imaginado. Para ahorrarnos ese tiempo y sobre todo esa frustración hay un sistema que nos permite conseguir nuestros sueños y objetivos mucho antes para así saborear y validar si ese sueño es realmente lo que queremos o es mejor buscar otro quizás menos superficial. El sistema consiste simplemente en conseguir durante cierto tiempo ese sueño u objetivo sin necesidad de invertir años para conseguirlo. Y es que hoy en día podemos alquilar prácticamente cualquier cosa. Una casa en una playa paradisiaca, un barco, un coche de más de 100.000€. Podemos sentirnos como si fuera nuestro y podemos comprobar cómo es realmente tenerlo y cómo nos sentimos en esa situación. Además, en el caso de que realmente sea algo que corrobora cómo te veías tras cumplir ese sueño, ya habrás dado el primer paso para tenerlo aunque solo sea por un tiempo. A partir de ahora, antes idealizar y soñar con la casa de tus sueños, alquílala durante un día, con amigos o busca alternativas si no tienes presupuesto alquilando una vivienda parecida en la misma zona. Hoy en día existen innumerables opciones para tener algo durante cierto tiempo que muy pocas personas podrían comprar. Si te gustaría tener un barco pero aún no tienes el título de patrón de embarcaciones o alquilarlo supondría demasiados dinero, puedes apuntarte a alguna fiesta o incluso acercarte a un puerto y pedir permiso a algún dueño de barco para verlo. Ya hemos visto anteriormente el poder de preguntar. Esto nos ahorrará un enorme tiempo y trabajo innecesario por conseguir algo que no queremos realmente y podremos valorar mucho más lo que tenemos en la actualidad. Además podremos buscar y luchar por cosas que realmente queramos.

Mi vida en la playa

Uno de los mayores problemas que tiene aún la gente es creer que el momento para disfrutar la vida llegará tras años de duro trabajo y sacrificio cuando nos jubilemos. ¿Cómo he conseguido vivir en la playa, no tener dificultades económicas y generar ingresos sin necesidad de tener clientes ni depender de jefes ni horarios y sobre todo sin necesidad de ser rico ni esperar a la supuesta jubilación? Creemos que la gente que puede vivir en una playa paradisiaca, practicar su deporte acuático favorito o disfrutar de un mojito cada día tumbado en una hamaca entre dos palmeras, son personas que han conseguido ganar tanto dinero que pueden permitirse tener una vida así. La realidad es otra. La gente que vive en paraísos no es tan distinta a ti o a mí. De hecho, la mayoría han nacido directamente en esos paraísos y ni siquiera se dan cuenta de lo que tienen. Pero yo me pregunto algo, si hay gente con pocos recursos económicos que es capaz de vivir en estos paraísos, ¿por qué razón yo no podría? Eso es lo que me pregunté hace unos años y fue cuando decidí crear un plan, establecer unos tiempos, buscar ese lugar y tomar acción. Y me di cuenta de algo curioso. En realidad podría haber tomado la decisión y haber conseguido mi propósito hacía muchos años. No era tan difícil como parecía en mi cabeza. Mis creencias limitantes y mis pensamientos habían hecho que no tomara la decisión durante años. Gastar menos, revisar todos los gastos diarios, mensuales y anuales como el pago de seguros, los viajes, la comida, y en definitiva revisar qué pasaba con mi dinero, fue una decisión clave que me ayudó a reestructurar mi economía. Y en este punto hay algo que me ayudó enormemente. En el año 2011 decidí realizar la mejor inversión que he hecho hasta la fecha. Decidí comprar mi propia casa. Esta inversión me iba a atar a una hipoteca durante muchos años pero permitía, además de tener un activo inmobiliario propio, alquilar las habitaciones para cubrir los gastos del día a día y así darme la libertad necesaria para poder vivir en cualquier parte del mundo. Incluso me habría bastado con tener una casa alquilada para convertirla en una fuente de ingresos recurrente. Pero eso no fue todo, esa creencia de que si compraba una casa tendría que vivir en ella para siempre desapareció y me permitió ver un nuevo mundo de posibilidades.

La vida es cambio. Cambiar es difícil y tomar decisiones que nos dan miedo más aún, pero es necesario tomar acción y arriesgarse si se quiere avanzar en la vida. Antes de comprar cualquier cosa pregúntate si realmente lo necesitas. ¿Ese producto va a perder o a ganar valor con el tiempo? Un coche por ejemplo, si lo quisiera vender en 10 años habrá perdido más de un 80% de su valor. Un portátil de la conocida marca Apple en 5 años puede perder un 50% pero un ordenador portátil de otras marcas pueden perder más de un 80%. Con los móviles pasa lo mismo. Una casa sin embargo la puedes alquilar y generar así riqueza con ella. Revisando la evolución del precio de la vivienda, aunque con caídas y subidas cada cierto tiempo, se puede comprobar que si se espera lo suficiente es muy probable que se genere una gran rentabilidad en el largo plazo. Pero piensa también que hoy en día gracias a Internet y las nuevas tecnologías podemos alquilar nuestro propio coche y ponerlo a trabajar para nosotros durante ciertos periodos de tiempo transformando un pasivo que conlleva gastos en un activo que genera beneficio. Si además somos capaces de sacarle el máximo partido a los productos que adquirimos, usándolos hasta que realmente pierdan su funcionalidad o no sean productivos para nosotros, colaboraremos con el planeta y con nuestras finanzas, además de vivir una vida más minimalista en la que necesitamos mucho menos para ser felices. En mi caso suelo renovar mi teléfono móvil cada cinco años si realmente es necesario, y si por ejemplo la batería empieza a fallar se la cambio en una tienda oficial y así puedo seguir usándolo perfectamente durante mucho más tiempo. Eso sí, intento cuidarlo al máximo. Y si yo lo hago, siendo para mí es una de mis herramientas de trabajo fundamentales, cualquier persona puede hacerlo.

Cómo ser más productivo

¿Pierdes el tiempo con facilidad? ¿Te cuesta terminar tareas? ¿Tienes la sensación de que no has hecho nada al finalizar el día? ¿No sabes si eres o no productivo o si podrías alcanzar metas en menos tiempo? Quiero enseñarte algunas de mis técnicas para ser más productivo. Seguramente has respondido sí a todas o algunas de las preguntas anteriores. Pero, antes de contarte estas técnicas es necesario dejar claro qué es la productividad. La productividad es el arte de hacer más cosas en menos tiempo que nos acerquen a un objetivo. Para mí es como pasar a tener días de 48 horas. Me resulta muy gracioso cuando la gente me pregunta cómo saco tiempo para hacer tantas cosas. Crear artículos para mi blog, crear episodios para mis podcasts, dar charlas en eventos, subir vídeos en mi canal de YouTube, publicar cada día en todas mis redes sociales, responder dudas a los alumnos de mis cursos, crear y actualizar lecciones, escribir libros, optimizar y mejorar las conversiones de mis webs, seguir formándome, acudir a eventos, realizar consultorías, entrevistas, hacer experimentos, crear nuevos proyectos… La realidad es que cada vez hago menos, genero más beneficio y la gente piensa que hago más. La clave está en la práctica, la automatización y en saber detectar esas tareas que tienen un mayor impacto para dejar de hacer o delegar esas cosas que tienen un impacto menor en mi negocio. Es decir, trato de detectar ese 20% de tareas que generan el 80% de los resultados de los que seguro has oido hablar, para después dejar de hacer o delegar ese otro 80%. De todas formas, ten cuidado con estas "reglas", "principios" o "leyes". Solo piensa qué pasaría si detectas ese 20% de tareas, eliminas el otro 80% y luego vuelves a aplicar de nuevo esta conocida ley de Pareto o principio del 80/20. Si lo aplicas demasiadas veces o demasiado rápido, podrías confundir algunas tareas clave de tu negocio con tareas poco productivas. A continuación paso a describir algunas de las claves de productividad que más me ayudan.

Detecta las produtareas: Lo primero para aplicar esta clave para mejorar tu productividad es detectar esas tareas que yo llamo "produtareas", utilizando el método que te comenté anteriormente. En mi caso detecté cinco tareas clave que me acercan a mis objetivos y que me funcionan muy bien para generar nuevos clientes o alumnos, generar más ingresos y ayudar a más personas. Son las siguientes: Generar contenido para mi blog, podcasts y canal de YouTube, hacer vídeos en directos y mandar vídeos personalizados a los seguidores, optimizar las conversiones para aumentar los beneficios con el mismo esfuerzo, crear y actualizar los contenidos de mis cursos para los alumnos, y por último acudir o crear eventos presenciales donde incluyo los grupos de Mastermind. La mayor parte de mi tiempo se lo dedico a estas tareas. Por otra parte, qué haces con tu tiempo libre también es determinante a la hora de ser más productivo. Es necesario desconectar de una forma adecuada para poder seguir rindiendo al máximo. Por ejemplo viendo películas y series para emprendedores, escuchando podcasts de negocios o acudiendo a eventos de otras temáticas. ¿Sabías que puedes hackear tu mente para que trabaje para ti sin darte cuenta gracias a la memoria muscular? Esto se consigue cuando por ejemplo aprendes mecanografía y ya no tienes que pensar al escribir, cuando aprendes a montar en bici o cuando aprendes a bailar. Y todo esto se consigue con un buen método de aprendizaje y con práctica.

Tipos de tareas: Algo que te encontrarás en casi todos los blogs y libros que hablan sobre la gestión del tiempo (GDT o GTD) es la diferencia entre importante y urgente. Voy a explicarte en qué consiste cada cosa y sus combinaciones. Tareas importantes y urgentes son tareas o proyectos que debes empezar hoy y lo sabes. Seguramente los estés dejando para más adelante porque te van a llevar mucho tiempo y con el trabajo del día a día no puedes ponerte a ello. Cambia el chip ya y evita distracciones innecesarias. Escribir un libro, crear un curso, crear un podcast o realizar un curso de marketing son tareas que podrían ayudarte a que tu negocio crezca, por tanto debes dedicarle un tiempo a estas tareas importantes y urgentes. Tareas importantes y no urgentes de nuevo son tareas o proyectos que sabes que van a ayudarte pero que no tienes que hacer hoy o esta semana. Apuntarse al gimnasio o aprender a cocinar son cosas importantes que sabes que debes hacer porque mejorarán tu capacidad de trabajo, tu salud y tu forma de vida pero que no tienes que hacer ahora mismo. Lo mejor es que las planifiques en el calendario para empezar un día específico. Las tareas no importantes y urgentes son las llamadas de teléfono, notificaciones de WhatsApp, conversaciones con personas que te interrumpen, ciertos reportes y reuniones… La solución en muchos casos empieza por apagar el teléfono, cerrar la puerta poniendo un cartel de no molestar y planificar todo lo posible. Puedes plantearte asistir a un coworking si tienes muchas interrupciones en casa. Por último, las tareas no importantes y no urgentes serían las tareas que no te aportan nada ni van a afectar a tu futuro. Pintar la casa, coser un botón, comprar unos calcetines, extender las llamadas de teléfono innecesariamente, navegar por Internet sin un propósito, leer el periódico o ver la televisión. No digo que no lo hagas. Algunas veces viene bien. Pero estas tareas consumen tu tiempo sin aportar valor. Recuerda que el tiempo es finito. Inviértelo en alguna cosa que te ayude de verdad a ser más feliz y a alcanzar tus objetivos. Si puedes elimina el máximo número de reuniones de trabajo de tu vida. En la mayoría de los casos son la mayor pérdida de tiempo que hay. Como alternativa usa el e-mail o prepara un documento colaborativo para que la gente lo vaya actualizando y consultando cuando sea necesario.

Aprende a decir NO (y sí): Cuando lees un artículo o un libro, ves un vídeo o escuchas un podcast, ¿seleccionas solo las partes que te interesan? ¿eliges solo esos contenidos que te aportan más valor en la actualidad? ¿dejas de leer o escuchar si no van directos al grano? Si no lo haces estás cometiendo un grave error. Debes saber identificar el grano de la paja para no perder el tiempo leyendo cosas que no te van a acercar a tus objetivos. En la mayoría de los contenidos que encuentras en Internet se añaden textos y temas introductorios o se habla de cosas que te harán perder el tiempo. Y encontrar contenido de calidad que vaya directo al grano o saber ir directo a lo que necesitas no es fácil. Por ejemplo, si estás buscando un software de edición de vídeo gratuito no es necesario leerte diez artículos, preguntar en foros, escribir un tweet y crearte una comparativa propia. Piensa bien qué necesitas, si realmente lo necesitas, si es mejor delegarlo o incluso no hacerlo. Cuando encuentres el primer artículo, echa un ojo rápido a las opciones del índice sin leer nada más y elige uno sin mirar atrás. En la mayoría de las ocasiones la primera opción suele ser la mejor y si no la eliges rápidamente, después vas a estar invirtiendo muchas horas para acabar eligiendo esa primera opción. Puedes cometer algunos errores que te harán rectificar en un futuro usando esta técnica, pero si tus fuentes son de calidad, te permitirán tomar decisiones acertadas en mucho menos tiempo y tu cerebro se cansará menos permitiéndote seguir haciendo más cosas productivas. Incluso puedes delegar este proceso a tu Asistente Virtual. Otro ejemplo. En la bandeja de entrada de mi correo electrónico a fecha de hoy tengo más de 70.000 e-mails sin leer. ¿Estoy loco? Muchas personas no pueden ver ese número sin que les entre ansiedad. Si te pasa eso entonces tienes un serio problema y tienes que aprender a vencer a tu cerebro. Que estén sin leer no implica que no haya leído el asunto. Solo implica que decidí no hacer click en el e-mail, entrar, leerlo entero o solo una parte y borrarlo o archivarlo. Imagina que en ese proceso invierto un solo minuto para cada email. Esto son más de 70.000 minutos, que son más de 1.150 horas y que equivalen a unos 143 días trabajando 8 horas al día. Solo borrando e-mails que no valen para nada. Solo con eso estoy ganando medio año de trabajo para realizar tareas realmente productivas. Piensa qué más pequeñas cosas haces en tu día a día que si vas sumando acaban siendo horas, días, meses o años perdidos. Leer tus e-mails a las 12 de la mañana y a las 5 de la tarde o programar las respuestas de e-mail para el día siguiente laboral son técnicas interesantes de productividad. Agrupar tareas similares suele ser otra de las formas que mejor van a permitirte rentabilizar tu tiempo. En definitiva, aprende a decir no a lo que no te aporte y sí a lo importante.

Deja de tomar notas y hacer listas: ¿Cuántas veces has ido a un evento o un curso con tu cuaderno y has apuntado muchas cosas interesantes que luego nunca has consultado? Ese era yo en mis inicios pero desde hace varios años nunca llevo un cuaderno ni tomo notas en eventos o cursos. En su lugar apunto las tareas que debo aplicar, porque pueden afectar de forma positiva en mi negocio, para realizarlas un día y una hora concretas en el calendario de mi móvil y esto me permite tomar acción y aplicarlo realmente. Ponte una alarma si es necesario. Yo adquirí este hábito hace unos años y te puedo decir que es uno de los secretos que más me ayudan hoy en día a ser mucho más productivo.

No leas el periódico o veas o escuches las noticias: Aún recuerdo cuando de pequeño para mí leer el periódico o interesarse por las noticias eran cosas de mayores. Y cuánta razón tenía. Los mayores hacemos un sin fin de estupideces sin pararnos a pensar por qué lo hacemos. Como todo el mundo lo hace nosotros también. Creemos incluso que si no lo hacemos el mundo para nosotros se acabaría. ¿Quieres ser productivo y conseguir alcanzar tus objetivos o no? Y no te preocupes, si pasa algo importante que te afecte directamente te enterarás, o bien porque te llame o te escriba alguien o bien porque lo verás en redes sociales. Pero no es solo cuestión de dejar de leer el periódico o ver las noticias lo que hará que seas más productivo. Eso es solo una parte. Debes evitar todas las distracciones posibles a la hora de trabajar. Y para ello el primer paso es activar el modo avión de tu móvil y ponerlo boca abajo lejos de tu alcance. El segundo punto sería desactivar todas las notificaciones de tu móvil. Sí, todas. Avisos, sonidos, mensajes, todas. Las notificaciones son una de las mayores fuentes de distracción de tu día a día y desactivarlas no solo te permitirá ser más productivo, si no que te permitirá recuperar tu vida. Y por último debes trabajar en un lugar lo más ordenado posible que te permita encontrar algo sin tener que revolver miles de papeles. Sin orden físico no se puede tener orden mental.

No hagas descansos: Se recomienda hacer descansos de cinco minutos cada 25 minutos. También está de moda la técnica de Pomodoro. Pero te voy a decir algo. Estas técnicas a mí no me funcionan. Hay veces que estoy trabajando sin descansar durante tres o cuatro horas seguidas y soy realmente productivo. Esos descansos normalmente son necesarios cuando no sabes focalizarte, no tienes un objetivo claro o cuando no estás haciendo algo que te apasiona. De hecho si haces un descanso puedes perder la inspiración, y volver a encontrarla puede llevarte minutos, horas, días, meses o incluso puede que nunca la recuperes. Por tanto, deja de hacerme caso a mí y a los libros de productividad y empieza a usar el sentido común y a pensar más por tu cuenta. Todo depende de cada persona y de los hábitos relacionados con la productividad que se tengan. Por tanto, experimenta y mide tu nivel de productividad actual anotando todo lo que haces cada día y luego compáralo cambiando los periodos de los descansos según vayas necesitándolos para comprobar qué te funciona mejor. Crea tu propio sistema de productividad.

Ponte fechas límite: Ya hemos marcado nuestros objetivos. Ahora toca marcar fechas límite para cada objetivo dentro de nuestra estrategia. Incluso si queremos ir a comer una hamburguesa vegana (ese sería el objetivo), tenemos que marcar una estrategia aunque no tengamos que pensarla.

1. Decidir a qué restaurante ir
2. Coger dinero
3. Subir al coche
4. Conducir del punto A al punto B
5. Entrar en el restaurante
6. Pedir mesa
7. Elegir la comida
8. Comer

La fecha límite será la hora de cierre o la hora de comer. En este caso nos la imponen. Y si tienes hambre después de que el restaurante haya cerrado tendrás que buscar otras opciones o haber pensado en un plan alternativo previamente. Y si eso lo hacemos para cosas sencillas, ¿por qué no lo hacemos para planificar nuestra vida? Si no sabes ni siquiera que quieres una hamburguesa vegana nunca vas a ir a un restaurante y puedes acabar comiendo cualquier otra cosa. El hecho es que marcar una fecha límite en el calendario para hacer algo hará que tu cerebro se active y se ponga a trabajar. Lo has experimentado más de una vez con los exámenes. Hasta el día antes no habías estudiado nada. Si no hubiera una fecha límite nunca habrías estudiado para el examen. Esta técnica la uso para escribir libros, artículos o hacer prácticamente cualquier cosa. Y para hacer más poderosa la técnica deberás dar a conocer ese objetivo y esa fecha límite al mayor número de personas posible que confían en ti.

Vive sin despertador: ¿Cómo te sientes los sábados y domingos cuando te despiertas sin despertador? ¿Con más energía? ¿Descansado? ¿Incluso hay veces te despiertas antes de lo esperado y es como si hubieras dormido mucho más? Pues así me siento yo cada día porque me levanto sin despertador desde hace años. Yo elijo cómo vivo en mi vida. Es posible que hayas leído el libro *"Mañanas milagrosas"* o *"El club de las 5 de la mañana"* en los que dicen que para ser productivo debes madrugar. Levantarte a las cinco de la mañana tiene sentido y aunque parece duro suena interesante. A esas horas nadie te molesta. Pero levantarse a las cinco de la mañana hará que te tengas que dormir a las nueve de la noche si quieres dormir las ocho horas de rigor y esto implica irte a la cama sobre las nueve de la noche. En España implica que los niños están jugando en la calle cuando tú tienes que irte a dormir y que el Sol luce esplendoroso aún en el cielo durante gran parte del año. Este tipo de sistemas están muy bien para países donde la vida es más difícil disfrutarla en la calle porque hace frío gran parte del año y el sol se esconde a las cuatro de la tarde. Pero en muchos otros países ese sistema simplemente no es aplicable. Además, yo soy muy productivo por las tardes y noches y si aplicara el sistema me perdería esos momentos de lucidez. De nuevo, prueba, experimenta y mide con este tipo de técnicas pero eres tú el que tiene que decidir qué es lo mejor para ti. Y todo esto no implica que no tengas que hacer esfuerzos, es más bien lo contrario, pero siendo lo más productivo posible. Cada persona es un mundo y la productividad es algo muy personal que además necesita tiempo. Si alguna de mis propuestas te parecen disparatadas solo te invito a que las pruebes durante unos días. Pero sobre todo párate a pensar en qué estás invirtiendo cada minuto de tu vida y si podrías estar haciendo otras tareas que te aporten más.

Escucha podcasts: Si aún no escuchas podcasts empieza ya. Podrás aprender sobre cualquier temática mientras haces otras cosas. Tus días pasarán a tener 48h. Cuando voy al gimnasio, cuando estoy en el coche o mientras estoy comiendo escucho podcasts.

Delega poco a poco: Aún recuerdo mis inicios cuando quería hacerme la declaración de la renta como autónomo yo mismo. La cantidad de horas que perdí. Contratar una gestoría me quitó un peso de encima grandísimo y me liberó de mucho tiempo y del estrés que me producía. Si puedes contrata los antes posible a alguien por horas o para realizar ciertas tareas importantes que hayas detectado y que tú no puedas o quieras hacer. Puedes empezar delegando tareas sencillas. Hay muchas plataformas online que te ayudarán a encontrar al profesional más adecuado para tu situación y por precios muy ajustados.

Sube los precios de tus productos y servicios: Cuidado con esto. No te lo tomes al pie de a letra y analiza bien tu caso y a la competencia antes de tomar decisiones precipitadas pero hay casos en los que los precios son tan bajos que tienes más clientes de los que puedes soportar o menos de los que necesitas y todo por cual de tus precios. Si subes los precios perderás clientes pero se quedarán los que realmente aprecian tu trabajo. Si aún tienes pocos clientes o ninguno, es normal empezar poniendo precios bajos pero intenta ir subiendo los precios en cuanto puedas. En la mayoría de los casos un precio alto no implica menos clientes si se transmite bien el valor del servicio o el producto y lo que se consigue a cambio.

Fíjate un horario: Aquí no puedo ayudarte con mi experiencia ya que es una de las técnicas que le funciona a mucha gente pero que yo no aplico. En mi caso hay días que me encontrarás trabajando a las dos de la madrugada y otros días que estaré de vacaciones durante días enteros. Al igual que nos ponemos fechas límite para las cosas importantes, cada día deberíamos tener una hora donde termina nuestra jornada laboral de forma que sea nuestra hora límite. Yo esta técnica no la aplico pero para muchos personas es importante diferenciar bien las horas de trabajo de las de ocio.

Invierte en ti: Hoy en día, las tecnologías avanzan a un ritmo difícil de seguir. Y si te parece que los cambios se producen rápido no me quiero imaginar de aquí a unos años. Si no estamos continuamente formándonos llegará un momento en el que será muy difícil poder seguir aportando valor y por tanto será cada vez más complicado generar ingresos porque pasaremos a ser prescindibles. Por tanto, invertir en conocimiento es una de las mejores decisiones que puedes tomar para ser más productivo.

Cómo planificar tareas

Es importante tener una planificación de lo que haces en cada momento. Es decir, no empieces a contestar emails o a consultar las redes sociales si no los has planificado previamente. De lo contrario, el lugar de ser nosotros los que controlamos nuestro tiempo, serán otras personas las que lo controlen. Te recomiendo crearte un horario de trabajo semanal similar a este.

	Lunes	Martes	Miércoles	Jueves	Viernes
9:00 a 10:00	Tarea A	Tarea A	Tarea A	Tarea A	Tarea A
10:00 a 11:00	Tarea B	Tarea F	Tarea F	Tarea F	Tarea F
11:00 a 12:00	Tarea C	Tarea C	Tarea C	Tarea C	Tarea C
13:00 a 14:00	Tarea D	Tarea G	Tarea H	Tarea G	Tarea H
14:00 a 15:00	Tarea E	Tarea G	Tarea G	Tarea G	Tarea I

Sin duda es algo muy sencillo y ayuda enormemente. De hecho es el sistema de planificación que se utiliza en todos los sistemas educativos por los que has pasado pero curiosamente, cuando tenemos que planificar nuestro tiempo no lo usamos. Desconozco la razón ya todos nosotros hemos comprobado que funciona. Tampoco tienes que seguir un horario fijo. Si tienes la ventaja de trabajar por tu cuenta tienes más libertad para ajustar los horarios. Un día puedes trabajar más horas y otro menos. Lo importante es dedicarle el tiempo adecuado a cada tarea, dando prioridad a lo realmente importante. Ya te he comentado antes que no planificar la semana hará que inviertas mucho más tiempo del necesario en tareas que no son importantes para tu vida o tu negocio. Piensa muy bien el orden de las tareas de forma y trata de agrupar tareas similares. Y de nuevo marca estas tareas siempre en función de los objetivos y de su prioridad a corto, medio y largo plazo. La Matriz de Covey puede ayudarnos a detectar esas tareas importantes y no importantes, urgentes y no urgentes que ya hemos visto:

	Urgente	No urgente
Importante	Hacer	Planificar
No importante	Delegar	Eliminar

Frases para pensar

Existen varias frases que a mi me ayudan a motivarme y a tomar acción para no procrastinar. Aquí van algunas de ellas:

"Cada uno de los movimientos de todos los individuos se realizan por tres únicas razones: por honor, por dinero o por amor"
Napoleón I (1769-1821) Napoleón Bonaparte. Emperador francés.

"He fallado una y otra vez en mi vida, por eso he conseguido el éxito"
Michael Jordan (1963-?) Deportista estadounidense.

"Los perezosos siempre hablan de lo que piensan hacer, de lo que harán; los que de veras hacen algo no tienen tiempo de hablar ni de lo que hacen"
Goethe (1749-1832) Poeta y dramaturgo alemán.

"Se alcanza el éxito convirtiendo cada paso en una meta y cada meta en un paso"
C.C. Cortéz

"El requisito del éxito es la prontitud en las decisiones"
Sir Francis Bacon (1561-1626) Filósofo y estadista británico.

"Por la calle del después se llega a la plaza de nunca"
Luis Coloma (1851-1915) Escritor, periodista y jesuita español.

Somos lo que hacemos, no lo que pensamos ni lo que sentimos.
Anónimo

"La respuesta más rápida es la acción"
Proverbio americano

"Si pospones las cosas hasta que estés seguro de que están bien, entonces nunca lograrás hacer nada"
Norman Vincent Peale (Padre de la Teoría del Pensamiento Positivo).

Además hay algunas frases que anticipan que estamos a punto de procrastinar. Muy atento si las dices o las escuchas.

"Este no es el mejor momento"
No existe el mejor momento para hacer algo, por tanto traza un plan y empieza a hacerlo hoy mismo, paso a paso.

"Me gustaría hacerlo pero no tengo tiempo"
Todos tenemos 24 horas al día y por tanto tenemos el mismo tiempo. Es cuestión de elegir tus prioridades y dejar de hacer algunas cosas menos importantes para cuestionarnos qué pasaría si no hiciéramos algunas tareas.

"No tengo dinero para hacer esto"
En la mayoría de los casos se pueden buscar alternativas y buscar opciones para poner en práctica ideas y negocios con una mínima inversión gracias a los productos mínimos viables.

"Es demasiado complicado"
La mayoría de las cosas que merecen la pena requieren tiempo y dedicación. Separa en tareas más pequeñas y crea un plan detallado para llegar de A a B en un plazo determinado. Si aún así te resulta demasiado complicado busca a alguien que te ayude y delega esa parte.

"Empezaré mañana seguro"

¿Por qué no ahora? Hay una regla que sigo y me funciona muy bien. Si puedo hacer algo en menos de cinco minutos lo hago ahora mismo. Si requiere más tiempo me añado la tarea en el calendario de mi móvil un día y hora determinados.

Nos cuesta tomar acción. En muchas ocasiones tardamos más en pensar si lo hacemos ahora o más adelante que en hacerlo realmente. Para estos casos puedes usar la regla de los 10 segundos que consiste básicamente en realizar una cuenta atrás para engañar a tu cerebro y hacer algo que tenemos que hacer. Yo la uso desde pequeño y es posible que tú también la hayas usado pero la dejaras de usar porque pensabas que era una tontería. Por ejemplo, si tengo que levantarme de la cama o del sofá para realizar alguna tarea empiezo a contar desde 10 hasta 0. Funciona. El mejor momento para tomar grandes decisiones no existe, por tanto no esperes ese momento. Siempre surgirán dificultades o problemas y siempre pensarás que tenías que haber empezado antes. Planificar tu día, semana, mes y años siguientes te ayudará a saber qué camino debes llevar. Piensa dónde quieres estar en cinco años y empieza a construir tu futuro hoy.

Cómo ganar un sprint en el Tour de Francia

Hace un tiempo vi un interesante vídeo creado por el canal de televisión Eurosport en el que analizaban de forma gráfica cómo se ganaba un sprint en el Tour de Francia. Durante el vídeo mostraban un resumen de la etapa y finalmente se veía la recta final con los ciclistas pedaleando. En el vídeo se añadían gráficos, datos y estrategias llevadas a cabo en cada momento a modo de realidad virtual. ¿Qué aprendí de esta maravilla? Además de ser un vídeo que suelo compartir en mis presentaciones porque los conceptos se pueden aplicar en muchos otros campos, aprendí que para ganar un sprint en ciclismo se necesitan cuatro factores: Velocidad, aceleración, posición y apoyo del equipo. Si uno solo falla no ganarán la carrera y todo el esfuerzo que han hecho durante los cientos de kilómetros anteriores no servirá de nada más allá del disfrute de la ruta.

Apoyo del equipo: Cuando nos proponemos un objetivo es necesario tener un equipo. Puede ser un mentor, una persona que haya llegado a donde tú quieres llegar y te guíe, un grupo de personas que estén en tu misma situación con la que os apoyáis o personas que te complementen para alcanzar el objetivo. Podríamos intentar hacerlo solos pero esto normalmente implica cometer errores por los que otros ya han pasado y que tienen solución. Obviar el poder del pensamiento de grupo que nos permite ahorrar mucho tiempo y generar ideas que no seríamos capaces de ver sin la ayuda de otros es un error.

Velocidad: Debes ser constante y saber cuál es la velocidad que necesita tu proyecto, tu negocio o tu vida. Para triunfar has de recorrer un largo camino antes de alcanzar tus objetivos. Y para llegar a este punto necesitas una velocidad constante. De nada sirve ser el primero unos segundos si luego acabas muy cansado y terminas el último o abandonando. Planifica esta carrera de fondo incluso aunque sea un sprint.

Aceleración: Saber en qué momento hacer cada cosa es crítico. Hay un momento propicio para cada situación. Cada fase lleva su tiempo y su proceso. Si no haces lo que tienes que hacer y no dices lo que tienes que decir en cada momento, romperás la cadena y el trabajo tampoco servirá de nada. Por tanto no intentes correr más de la cuenta. Lo bueno es que si sabes en qué momento acelerar entonces todo será más fácil y consumirás menos recursos para alcanzar la meta.

Posición: Elegir el nicho adecuado es fundamental. De nada sirve marcar un objetivo personal por el que no tienes interés. Por tanto es fundamental posicionarte como un referente y diferenciarte del resto. Realizar un DAFO puede ayudarte en este caso como ya vimos anteriormente. En el caso del sprinter y de su equipo, cada cual sabe qué es lo que tiene que hacer, por qué y cómo. Busca tus puntos fuertes explótalos. Busca tu porqué.

DÍA 5: GANANDO DINERO

Un empresario se fue siete días de vacaciones a una playa del Caribe después de un duro año de trabajo. Día tras día, mientras estaba sentado en la hamaca del hotel junto a la playa, veía a un pescador que cogía su barca, pescaba durante dos horas y luego, tras vender el pescado se tumbaba al sol junto a su familia. El empresario estaba sorprendido de la facilidad con la que pescaba y la cantidad de peces que cogía por lo que al cuarto día se acercó y empezó a hablar con él:

- Muy buenas, he visto que solo pesca dos horas al día y luego descansa junto a su familia en la playa. ¿Por qué no pesca durante 8 horas con lo fácil que le resulta?

- Muy buenas, la verdad es que prefiero pasar tiempo en la playa junto a mi familia.

- Pero si pescara 8 horas cada día podría ganar mucho dinero.

- Sí, pero el tiempo es importante para mí y no podría disfrutar de la playa ni de mi familia.

- Pero en un futuro podría contratar a otros pescadores, comprar más barcos y crear una empresa.

- ¿Pero para qué?

- Porque así conseguiría mucho más dinero y podría posicionarse como la empresa líder del mercado.

- ¿Pero para qué?

- Para que después de años de trabajo pudiera convertirse en una de las personas más ricas del país y poder jubilarse siendo rico.

- ¿Pero para qué?

- Porque así podría jubilarse y pasar todo el tiempo que quisiera junto a su familia disfrutando de la playa.

Sin duda esta es una historia muy interesante de la que se puede aprender mucho pero a la vez se pueden sacar conclusiones equivocadas. La moraleja que se puede sacar es que no trabajes tanto y que disfrutes más el presente. Pero hay mucho más detrás de la historia que se suele ocultar. Al pescador le resultaba complejo llevar nóminas, gestionar a sus futuros trabajadores, comprar nuevos barcos… Pensaba que le iba a llevar mucho tiempo y muchos quebraderos de cabeza. Sin duda eso son creencias limitantes. Tras conseguir el dinero suficiente podría delegar esas tareas en otras personas. Podría dedicar cuatro horas cada día en lugar de dos para acumular cierta cantidad de dinero para después de un año contratar a una o varias personas que hicieran todo el trabajo por él. Sería un esfuerzo extra que haría que no disfrutara tanto la vida en este momento pero que en un futuro próximo le traería grandes beneficios. El problema está en que la gente luego no sabe detenerse. Somos avariciosos y tras ese primer año pensaría que si le dedica un año más podría ganar el doble y comprar más cosas. Tras ese año pensaría que si trabaja otro año más podría incluso dejar de trabajar por completo si vender la empresa. Y este proceso podría repetirse año tras año hasta llegar a jubilarse, ese momento en el que es posible que ya estés cansado de la vida que has tenido porque no has sabido disfrutarla y la has vivido como te han dicho otros. Creo que la clave está en encontrar un punto intermedio. Hay gente muy vaga y conformista. Otros demasiado ambiciosos que no pueden salir de este círculo de avaricia. Y otros que están entre medias y saben tomar sus propias decisiones disfrutando del presente pero además estar preparados para el futuro. ¿Y si además tu trabajo formará parte de tu disfrute? ¿Y si además tuvieras libertad para elegir esos momentos?

¿Cuál es tu pasión?

No tienes que tener una única pasión ni tener algo que te entusiasme tanto que solo de pensarlo te pongas nervioso. Tus pasiones pueden cambiar a lo largo de la vida y habrá cosas que te gusten más que otras. Tenemos predisposición a que nos gusten ciertas cosas por nuestro pasado, la sociedad e incluso por nuestra genética. Pero no debemos obsesionarnos por buscar nuestra pasión. Solo debes fijarte en esas cosas que te gustan más que otras. Pregunta a la gente cercana qué se te da bien. Piensa qué te gusta y haces en tu tiempo libre. Pregúntate si hay gente que viva de ello. Incluso cosas que a priori no pudiera parecer posible vivir de ello como jugar a video-juegos, viajar por el mundo o bailar. Hay gente que crea imperios haciendo este tipo de cosas. Por tanto, no pongas nunca límites a tus sueños ni a tus pasiones, tanto si están ocultas como si ya las has descubierto.

Dar para recibir

No se agradece lo que no se aprecia. Dar y ayudar sin esperar nada a cambio es uno de los gestos más bonitos y que más nos llenan pero debes saber que la gente es egoísta por naturaleza. Siempre buscamos el beneficio propio. Incluso las personas que dedican su vida a ayudar de forma desinteresada a otras personas en realidad solo buscan el beneficio propio para sentirse mejor y ser más felices. Suena frívolo pero si lo piensas es así. No obstante no hay nada mejor que sentirte bien, buscar el beneficio propio y además ayudar a otras personas que lo necesiten. Pero a veces simplemente tenemos que ayudar porque sabemos que es lo que tenemos que hacer. Tanto si se hace de forma "desinteresada" como si se crea un negocio próspero que busca solucionar un problema concreto que ayuda a más o menos personas, aportar valor al mundo hace que las recompensas tanto económicas y materiales como morales y personales acaben llegando. Solemos solo pensar en dinero cuando leemos o escuchamos la palabra beneficio pero hay mucho más oculto tras la palabra. La gente no se para a pensar en el trabajo que hay detrás de cualquier cosa por muy insignificante que parezca. Nos hemos acostumbrado a ver a gente con talento y pensamos que ese talento llegó por arte de magia. Criticar es muy fácil. Si nos paramos a pensar en el esfuerzo y sacrificio que hay en la mayoría de los casos de éxito del mundo nos daremos cuenta del precio que en muchas ocasiones hay que pagar para conseguirlo. Pero como ya sabes, existe ese otro éxito que es difícil de percibir pero que podemos sacar de nuestro interior y que depende solo de uno mismo porque ya está ahí. De ti depende sacarlo ahí fuera para poder convertirte en una mejor persona. Y para ello nada mejor que tratar de ayudar a otras personas al máximo, porque dando sin miramientos se acaba recibiendo sin miramientos.

Para probar esta semana

Busca y abre cualquier aplicación de segunda mano de tu móvil y pon varios anuncios regalando cosas que aprecies, que estén en buen estado y que no uses desde hace tiempo. Libros, ropa, tecnología… Te sorprenderá lo que pasa.

Trabajando para ganar dinero

Es posible que tengas un jefe que sea el que te indica qué tareas debes realizar y qué objetivos debes cumplir. También es posible que tengas tu propio negocio y que haya gente que te pague por distintos servicios o productos que vendas. Incluso puede que en estos momentos no estés haciendo nada en particular y estés en una fase de estancamiento. En cualquier caso cubrimos necesidades de otras personas y ganamos dinero para poder vivir en nuestra sociedad, pagar la comida, los gastos de luz, agua, calefacción, teléfono, hipoteca o alquiler, viajes… Todos lo hacemos de alguna forma. Todos ayudamos a otros a través del trabajo y obtenemos una remuneración económica por ello o en algunos casos una remuneración emocional si por ejemplo colaboramos con una ONG. El caso es que conoces un método para ganar dinero. Pero tengo que decirte algo. Existen infinidad de métodos para ganar dinero y poder seguir ayudando a más gente, incluso de forma masiva gracias a Internet. Internet nos ha abierto un mundo de posibilidades y hoy en día podemos comunicarnos con prácticamente cualquier persona del mundo en menos de un segundo. Gracias a la tecnología podemos contactar y ayudar a cualquier persona. Y estas personas a su vez pueden ayudarnos a nosotros de una u otra forma. Y como dependemos en mayor o menor medida del dinero es importante saber cómo funciona para poder tomar mejores decisiones. Esto nos abre un mundo nuevo de posibilidades. Lamentablemente esto no es algo que se enseñe en la escuela ni en prácticamente ninguno de los sistemas educativos del mundo. Por suerte podemos encontrar gran cantidad de información en Internet. Ray Dalio es uno de los mejores inversores del mundo y dispone de infinidad de contenido online que nos permite descubrir cómo funciona realmente la economía y cómo se crea el dinero. Puedes buscar en Google "Cómo funciona la máquina económica por Ray Dalio" y verás una serie de vídeos que es muy probable que te descubran una nueva forma de entender el mundo. Su libro *"Principios"* es para mí una joya. Por otra parte el libro *"Libertad Financiera"* de Sergio Fernandez es también un libro que te permitirá gestionar mucho mejor tus ingresos y te abrirá otro mundo de posibilidades de trabajo. Sergio dispone además de multitud de vídeos sobre finanzas y desarrollo personal que te ayudarán enormemente.

Para probar ahora

Busca en Google "Cómo funciona la máquina económica por Ray Dalio". Encontrarás un vídeo de 30 minutos que cambiará tus creencias sobre la economía y te permitirá entender cómo se crea realmente el dinero. Si ves ese vídeo es posible que empieces a interesarte más por la economía.

Hacer que el dinero trabaje para ti

Sin duda hay frases que llaman la atención y en marketing se usan mucho este tipo de estrategias. ¿Cómo hacer que el dinero trabaje para ti y no tú para ganar dinero? Lamentablemente estas técnicas también son usadas para captar la atención y engañar a la gente a través de sistemas piramidales. Estos sistemas fraudulentos se basan en poner cierta cantidad de dinero y luego tratar de convencer a otros para que hagan lo mismo. Pero cuando se habla de forma correcta de poner tu dinero a trabajar se habla de inversión y aquí hay cientos de teorías que te permiten realizar inversiones más o menos rentables con más o menos riesgo. Al adentrarte en el mundo de las inversiones conviene poner el foco en esas personas que a lo largo de los años consiguen hacer grandes fortunas y generar beneficio a pesar de las crisis cíclicas que vivimos. Fijarnos en personas como Warren Buffett, Peter Lynch o Francisco García Paramés nos puede dar una idea de los beneficios que podemos esperar si realizamos inversiones de forma adecuada. Si los mejores tienen una rentabilidad media anual durante varios años (algunos con pérdidas y otros con ganancias) no superior al 16% debemos esperar que si alguien nos ofrece algo similar o superior es muy posible que nos estén engañando. Todo beneficio requiere un esfuerzo. Toda acción implica una reacción pero lo más importante es saber administrar e invertir de forma adecuada el dinero ganado. La clave está en saber diversificar. Según los expertos es interesante invertir o destinar un porcentaje de nuestros ingresos en acciones de mercados rentables como el S&P 500, otro porcentaje en inmuebles, otro en valores refugio como el oro, otro en startups y empresas, otro porcentaje en inversiones de más riesgo, otro porcentaje en donaciones para fundaciones u organismos no gubernamentales o en la contratación de seguros adecuados junto con la realización de distintas acciones de ahorro que hagan que cierta cantidad de tu dinero se guarde de forma automática cada cierto tiempo. Todas estas acciones usadas de forma correcta pueden hacer que nuestras finanzas personales sean mucho más estables a lo largo de los años. Incluso conseguir ventas recurrentes gracias a por ejemplo distintos negocios de suscripción online o distintas opciones de ingresos pasivos nos permiten tener un conocimiento de lo que nos espera en un futuro próximo para así poder tomar mejores decisiones y estimar ciertas predicciones.

Diversificando podemos tener mayor probabilidad de éxito. Como digo hay diversas teorías para invertir a partir de la diversificación de nuestro capital y es interesante conocer algunas de ellas a partir de libros como *"El inversor inteligente"* de Benjamin Graham, *"La vía rápida del millonario"* de M. J. De Marco, *"Los ensayos de Warren Buffet"* de Lawerence A. Cunningham o *"Piense y hágase rico"* de Napoleon Hill que pueden orientarnos en este aspecto. Normalmente si ganas más gastas más, por tanto ganar más no soluciona los problemas económicos en la mayoría de los casos. Saber administrar el dinero, saber invertirlo de forma correcta, entender cómo funciona el dinero, las finanzas y la economía y saber controlar los gastos sí que nos puede ayudar.

Trabajo desde casa

Trabajo desde casa sin jefes ni horarios desde hace años. Esta forma de trabajo es cada vez más común, tanto fomentada por las mismas empresas con sus trabajadores centrándose en objetivos como implementada por personas que crean su propio negocio online. Yo empecé trabajando desde casa por las tardes y los fines de semana después del "trabajo normal". Para trabajar desde casa tienes dos opciones: puedes buscar empresas que permitan realizar tu trabajo desde casa gracias a Internet. Incluso podrías llegar a algún acuerdo con tu empresa actual para por ejemplo trabajar en casa los lunes y los viernes. La otra opción es empezar a trabajar por tu cuenta, bien haciéndote autónomo o bien creando tu propia empresa. Sin duda, según mi filosofía de trabajo y vida, prefiero los negocios online antes que los negocios que implican tanto la venta de productos físicos como la necesidad de disponer de un local en la calle. Trabajar desde donde quiera, cuando quiera, sin jefes ni horarios me da la libertad que necesito para poder controlar mi vida. Aunque cada caso es distinto, trabajar desde casa ofrece un sin fin de ventajas tanto para trabajadores y empresas como para emprendedores. Ahorro en gastos de luz, agua, alquiler de oficina, tiempo y costes de desplazamientos… Además trabajar desde casa hace que al requerir una mayor planificación y el trabajo centrarse en objetivos y no en horas trabajadas, se pueda ser más productivo. Se evitan reuniones innecesarias sustituyéndolas por e-mails o videoconferencias, se mejora la conciliación familiar y la gestión del tiempo y en definitiva se mejora la calidad de vida, sin olvidarnos de lo que implica para el medio ambiente. Y por si fuera poco se fomenta la deslocalización, pudiendo contratar a gente de cualquier parte del mundo. Pero trabajar desde casa también tiene algunos inconvenientes importantes ya que por ejemplo se pierde parte del trato humano, la relación con los compañeros y que no todo el mundo está capacitado para gestionar su tiempo cuando no hay una figura de jefe detrás. También es necesario un desembolso inicial para la configuración de equipos y medidas de seguridad. Si trabajas por tu cuenta desde casa los primeros meses o años necesitarás una etapa de adaptación y más si convives con otras personas que podrían interpretar que no estás trabajando por lo que es importante marcar ciertas reglas, tener un horario, un lugar apropiado de trabajo y evitar distracciones como la televisión, la nevera, los juegos o el móvil. Acostumbrarse al teletrabajo es difícil para muchos. Se deben aprender métodos nuevos de trabajo, técnicas más innovadoras para no perder el foco, hacer planes de empresa adaptados y en definitiva nuevos sistemas centrados en la productividad. Los espacios de Coworking pueden ayudar en muchos casos.

Diferenciar fracaso de constancia cuando se emprende es complicado y no saber distinguir entre las tareas importantes y las no importantes es muy común. Por eso es imprescindible relacionarte con gente que tenga una situación como la tuya, unirte a algún grupo de mastermind, meditar, acudir a eventos, formarte y estar informado de las tendencias del teletrabajo. Hay muchas profesiones que te permiten trabajar por Internet y como te habrás dado cuenta las posibilidades son infinitas. Lo que yo siempre recomiendo es trabajar en lo que realmente te apasiona. Y es que muchos de los trabajos que conocemos hoy en día tienen los días contados. Los trabajos repetitivos como cajeros de supermercado, personal de gasolineras o conductores ya están siendo sustituidos por máquinas o por inteligencia artificial. Muchos otros desaparecerán durante los próximos años. Incluso los trabajos que requieren un esfuerzo mental más complicado de reemplazar por máquinas o por la propia inteligencia artificial en algún momento también desaparecerán. Nadie es insustituible. El trabajo para toda la vida es cosa del pasado. Pero no te asustes de momento. Con la desaparición de esos puestos de trabajo aparecerán nuevos en los que las ideas, la innovación y el uso del ingenio y la información, sobre todo gracias al Big Data, tomarán el control de la sociedad. Formación continua, motivación y nuevos retos. Recuerda que solo tenemos una vida y el tiempo que tenemos es limitado. No malgastes tu vida haciendo algo que no te gusta.

Deja de comprar cosas que no necesitas

No necesitas tener el último modelo de móvil, la última tecnología, lo último en moda o tener tu trastero lleno de cosas que nunca usas para ser feliz y alcanzar el otro éxito. Si este es tu caso es posible que necesites hacer una limpieza en tu vida y más si te cuesta llegar a fin de mes. No tiene sentido querer tener una situación financiera estable y una vida más feliz, y estar gastando dinero en cosas que realmente no necesitas. Formar parte del consumismo sin control es cada vez más común. Párate un momento y repite conmigo "voy a dejar de comprar cosas que no necesito", "voy a centrarme en lo realmente importante". ¿En qué te gastas tu dinero? ¿Te has parado a revisar alguna vez el extracto del banco y ver dónde va tu dinero? Tabaco, alcohol, restaurantes, alimentos que no necesitas, viajes, cuotas mensuales, fiestas, centros de belleza... Es muy posible que vivas por encima de tus posibilidades. Si tras leer estas líneas has pensado algo como "¿y entonces no disfruto de la vida?" o "salir a cenar no me lo voy a quitar", entonces es un buen momento para asumir que es muy probable que nunca descubras el otro éxito. Si no eres capaz de realizar pequeños sacrificios para alcanzar una meta mayor como es un mayor nivel de felicidad, generar más ingresos y disfrutar realmente de la vida, entonces vete acostumbrando a tu vida actual y no te quejes del gobierno, los ricos, la mala suerte, la crisis o los bancos. El filósofo, escritor y sociólogo francés Gilles Lipovetsky decía en una entrevista para El País: "Hay padres en paro cuyos hijos tienen móvil de último modelo, iPad, zapatillas de lujo... Es terrible". Pero estos gastos superfluos son fáciles de ver en otros y no en nosotros mismos. Descubrámoslos.

Para probar ahora

Entra en tu banco online. Revisa los gastos. Trata de detectar todos los gastos que no tienes por qué comprar para ser feliz. Cuestiónate todo lo que gastas de una forma más realista. Revisa también esos productos que has comprado y que has usado solo una vez o ninguna en el último año. ¿Realmente necesitas comprar tecnología de última generación, galletas, chocolate, cierta ropa, productos de decoración, ir a tantos restaurantes o realizar ciertas actividades de ocio?

Cómo ganar dinero por Internet

Llevo desde el año 2000 buscando formas de ganar dinero fácil, rápido y gratis por Internet. Por aquella época creé mi primera web junto a mi compañero de clase David en el último año de instituto. Desde entonces no he parado de buscar fórmulas para ganar dinero gratis e intentar vivir de ello algún día. Desde 2016 vivo de Internet y lamentablemente el método que por fin me funcionó no fue ni gratis ni rápido. Me di cuenta que era necesario invertir en mi conocimiento, en mi negocio e invertir gran cantidad de tiempo si quería realmente generar ingresos online para poder vivir de ello. Además ha sido a costa de sacrificar muchas cosas. Evitar compras y gastos innecesarios, ajustar las horas de ocio, ajustar los viajes o intentar salir lo menos posible fueron algunas de las cosas que decidí sacrificar a cambio de luchar por mi sueño. Y antes de poder trabajar por mi cuenta trabajé para varias empresas en las que adquirí el conocimiento que me ayudó a llegar donde estoy hoy. La idea inicial que tenía para generar ingresos online no tiene nada que ver con la forma que finalmente me funcionó. Si lo que quieres es ganar dinero suficiente cómo para vivir de Internet con tus propios medios, sin jefes ni horarios ya te adelanto que el camino no es fácil.

El secreto para ganar dinero, por muy sencillo que parezca, está en ingresar más de lo que gastas. Parece algo lógico pero muy poca gente lo aplica y aquí es donde entran en juego créditos o tarjetas que se usan sin control. Para ello es necesario detectar todos los gastos innecesario que no te acerquen a tu objetivo para ajustarlos, reducirlos o eliminarlos lo antes posible. Después viene la búsqueda de oportunidades para generar ingresos. Y finalmente tener ese plan estratégico que nos permitirá crear un negocio sostenible en el tiempo. No obstante también existen algunos sistemas que nos permiten ganar dinero de una forma más rápida gracias a Internet. Ofrecer servicios de algún tipo aprovechando tu experiencia seria una opción pero también podemos recurrir a métodos más tradicionales como alquilar una o varias habitaciones de tu hogar, alquilar tu coche, alquilar tu plaza de garaje, vender cosas que no uses, recomendar productos y llevarte comisión gracias a los sistemas de afiliados y usar distintos sistemas para reducir gastos como cambiar la hipoteca de banco o renegociarla, cambiar de operador de telefonía e Internet o de empresa de electricidad, usar aplicaciones de ahorro de gasolina, usas sistemas para conseguir viajes por precios muy reducidos o compartir coche. Si a todo esto aplicamos algunos conocimientos básicos de educación financiera como guardar un 10% del sueldo de forma automática nada más cobrarlo, dejar de usar tarjetas de crédito, eliminar gastos innecesarios, caminar más y usar menos el coche o deja de fumar, empezaremos a notar una mejora en nuestra calidad de vida y en nuestro bolsillo. Y es que los problemas financieros no se solucionan ganando más dinero, se solucionan sabiendo administrar, invertir y gestionando bien nuestro dinero.

Hoy en día las posibilidades que nos ofrece Internet para generar ingresos es inmensa. Crear un blog, una tienda online, un podcast, un canal de YouTube, realizar consultorías online, ofrecer servicios, vender clases online, buscar patrocinadores, buscar acuerdos de publicidad, sistemas de afiliación… Y lo mejor de todo es que no se necesitan miles de euros o dólares para crear un negocio online de éxito. Ya no tenemos que alquilar un local, mobiliario, maquinaria o pagar a empleados cada mes. Podemos crear un negocio online por menos de 100€. Basta con tener cierto conocimiento y saber llegar a ciertas personas de forma adecuada y estratégica para empezar a generar ingresos. Sin duda aprender sobre Marketing Digital es clave. El camino no es nada fácil. Vas a querer tirar la toalla una y otra vez. Pero merece la pena. Eso sí, si estás trabajando no dejes tu trabajo hasta que veas una evolución considerable y tengas un colchón que te permita empezar sin prisas. Yo he tardado años en asimilar muchos de estos conceptos y cada día sigo aprendiendo. También debes saber que no todo el mundo está preparado para emprender online y ganar dinero en Internet. El precio que se debe pagar para conseguir la vida de tus sueños es muy alto para muchas personas que prefieren quedarse donde están, haciendo lo que siempre han hecho.

Cómo diferenciar fracaso de constancia

Cuando empiezas a trabajar en tu proyecto de forma profesional, oirás por todos los lados que es importante ser constante, que el 80% de las empresas cierran antes de un año y que si tienes un sueño luches por él hasta el final. Todo un reto. El caso es que es muy probable que fracasemos en nuestro primer intento y que no consigamos alcanzar las metas que nos proponemos. Es normal. Es muy complicado acertar a la primera. Tenemos que ser perseverantes y saber adaptarnos. Pero, ¿cómo sabemos si debemos continuar , cambiar o parar? ¿Cómo saber si una acción que estamos llevando a cabo necesita más tiempo o es ya es un fracaso? Voy a darte algunas pistas que he ido recibiendo a lo largo de los años que me han ayudado a saber medir si iba por el camino correcto. Lo primero sería investigar si hay gente que ha conseguido ya lo que tú quieres conseguir. Ya sea por perseverancia, por estrategia, planificación, dinero, sacrificio, suerte o por algún otro motivo, si alguien ya ha alcanzado el punto donde quieres llegar es que es posible. Incluso si no hay nadie que haya conseguido lo que tú quieres hacer también sería posible aunque no existiría un camino previo y la dificultad aumentaría considerablemente. Si lo puedes imaginar se puede conseguir. No hoy ni mañana, pero se puede. Otro indicador sería que la gente te da las gracias y te agradezca todo lo que ayudas y ofreces. No es necesario, pero el reconocimiento de otras personas por el esfuerzo realizado siempre es un gran apoyo y es un punto de validación del mercado. Si vas creando contenido, vídeos, libros, cursos y toda clase de servicios es que estás haciendo más que el 90% de la población que solo se dedica a consumir. Es muy fácil hablar y pensar, pero hacer las cosas es otra historia. No tengo tiempo, no tengo dinero, ahora no puedo, es muy difícil o esto no es para mí son algunas de las excusas que busca la gente para no tomar acción. Si te llaman para hacer entrevistas, colaboraciones o incluso para trabajar en alguna empresa es otro indicador positivo. Llegará el punto en el que tengas que filtrar qué te interesa hacer y que no. Si has realizado tu primera venta también es un buen indicador y si realmente estás haciendo algo que te apasiona y que no te importa hacerlo sin ganar dinero entonces es otro factor a tener en cuenta. Está claro que todo tiene un límite y hay que pagar las facturas, pero de nuevo, todo esto son indicadores de que vas por el buen camino. Si estás mejorando la vida de las personas en algún aspecto o solucionando sus problemas también es otro punto a tu favor. Quizás el más importante. Pero deberás tener foco y no dejarte engatusar por esas nuevas tendencias que pueden apartarte del camino. Sin duda hay que estar atento a lo que pase a nuestro alrededor y a lo que hacen los competidores o colaboradores pero no cambiar tu foco y tu estrategia cada vez que surge una nueva tendencia es importante. Y sobre todo, en esos momentos de incertidumbre en los que te entran ganas de abandonar es donde posiblemente tengas que luchar más. En ese punto es donde abandonan la mayoría y el simple hecho de seguir adelante te dará ventaja. Si has sabido elegir un buen sector y has tenido en cuenta las necesidades reales de tus clientes, el negocio tiene que funcionar. Además es importante saber que el éxito está en el camino, en todo lo vivido, disfrutado, sufrido y aprendido. No sobrevaloremos el éxito. Superar los miedos y limitaciones mentales es uno de los retos más importantes y hacerlo es ya de por sí todo un éxito. Hacer lo que tienes que hacer es éxito. Hacer lo que debes hacer es un éxito.

Ojalá hubiera descubierto esto antes

Cada vez más gente sabe lo que es un podcast pero aún hay gente que no lo sabe y es necesario darlo a conocer. Un podcast es un programa de radio online a la carta. Podemos decir que un podcast es la evolución natural de la radio y que cuando los descubres te pueden cambiar la vida literalmente. Estar en un atasco con el coche, viajar en avión o en tren, limpiar la casa o hacer ejercicio son tareas que a partir de ahora pueden ser mucho más productivas y menos aburridas porque puedes escuchar podcasts mientras las realizas. Esa es una de sus principales ventajas. Aprendes sobre algo que te interesa mientras haces otras cosas. Ahora tus días pasan a tener 48 horas. Además hoy en día es más fácil que nunca crear tu propio podcast y dar a conocer al mundo tus conocimientos. Los podcasts están de moda y si tienes un blog, web o tienda online este es el mejor momento para crear tu propio podcast. Normalmente los podcasts se escuchan desde un móvil a través de alguna aplicación. Pero también pueden escucharse desde un PC o portátil entrando directamente en la web de los podcasts. Incluso muchos podcasts suben sus episodios a YouTube. Hay podcasts que hablan de todo tipo de temáticas. Series de televisión, marketing digital, historia, psicología, viajes, arquitectura, coches, astronomía, economía…   La oferta es infinita. Incluso la mayoría de los programas de radio también suben sus programas en formato podcast para ser escuchados a posteriori. El podcasting se ha convertido en una herramienta clave dentro del marketing digital para diferenciarse de la competencia, crecer más rápido y conseguir fans verdaderos. Incluso ganar dinero con un podcast es cada vez más sencillo.

Para probar ahora

Busca desde tu movil una aplicación de podcast. Instálala, suscríbete a tu primer podcast y escucha un episodio.

Lo que nadie te cuenta

En muchas ocasiones veo y escucho decir a la gente que el camino del éxito es largo y difícil y que no hay atajos ni trucos para conseguirlo. Esfuerzo, tiempo y sacrificio sería la única fórmula. No estoy del todo de acuerdo con estas afirmaciones. A lo largo de los años he visto como gente con pocos conocimientos conseguía generar miles de euros o seguidores sin apenas esfuerzo y como por arte de magia. Sin haber una estrategia detrás y gracias a un golpe de suerte. Un buen momento, un contenido que se hace viral, alguien que le recomienda o una técnica secreta que aplicó sin darse cuenta pueden hacer que de repente se alcance el éxito comercial en un momento. Pero lo que también he visto en estos casos es que esas personas no llegan a ser conscientes ni apreciar lo que han conseguido, no están preparados y finalmente abandonan. Parece mentira pero pasa más de lo que parece. Si crees que en Internet puedes encontrar la verdad sobre todo estás muy equivocado. ¿Por qué no se cuenta toda la verdad? Porque sencillamente hay cosas que no se pueden contar en abierto. Hay cosas que solo se pueden contar entre círculos de confianza o pagando por ello. Cuando indagas de verdad, hablas y conoces a cientos de personas que realmente generan ingresos, te das cuenta que hay otra realidad detrás. Incluso se suele idealizar a los gurús y pensar que les va muy bien en su negocio y en muchos casos no es así. También hay muchas personas que generan miles de euros o dólares de beneficios que no se dan a conocer y que se mantienen y se mantendrán siempre en el anonimato no enseñando nunca sus estrategias. Yo también tengo secretos y trucos que no puedo contar en abierto. Mucho me temo que para conocer todo esto, o empiezas a relacionarte con otros expertos de tu sector o es muy difícil conseguir esa información por que nunca la encontrarás en Internet ni en ningún libro.

La importancia la Marca Personal

Todo el mundo tiene cierta marca personal quiera o no. Más o menos trabajada, con mayor o menor impacto, pero todo el mundo la tiene. La Marca Personal o Personal Branding es algo que tenemos desde que nacemos y que podemos ir trabajando en nuestro día a día. Se basa en lo que otros piensan de nosotros tanto profesional como personalmente. Si le preguntas a alguien que te conoce que te diga a qué te dedicas, ¿qué te diría? Esa es tu marca personal. Al nacer seguramente dirían que eres el hijo de

Pedro y María que se dedican a lo que sea y que son muy buenas personas. Es decir, tu marca personal en ese momento depende de la marca personal que tus padres han trabajado durante su vida. Según vas creciendo, las notas que sacas en tus estudios, las actividades extraescolares, tus aficiones, la carrera que eliges (si decides hacerla), el trabajo que tienes, cómo lo desempeñas y cómo te comportas con la gente que te rodea van definiendo tu marca personal. Pero si te quedas ahí será difícil que tu marca personal sea más reconocida fuera de tu círculo de amigos y conocidos. Para amplificar tu marca personal y que más gente reconozca tu trabajo y por tanto quieran trabajar contigo y puedas ganar más dinero con el mismo esfuerzo, deberás tener una estrategia y trabajar todos los puntos que más te interesen en base a tu experiencia profesional y en base a tus objetivos. Cuantas más personas dentro de tu sector tengan una idea más real de lo que haces más potente será tu marca personal. En mi caso si le pregunto a algún familiar posiblemente diría que trabajo con cosas de Internet desde casa y poco más. Si le pregunto a alguno de mis seguidores en redes sociales seguramente digan que me dedico al SEO o al marketing digital y a ayudar a gente a ganar dinero por Internet. Por tanto es importante trabajar nuestra marca personal siempre teniendo una estrategia en base a los objetivos que nos propongamos como por ejemplo: "Voy a trabajar mi marca personal para encontrar un mejor trabajo antes del 31 de diciembre y que me paguen un 30% más y para ello voy a optimizar mi perfil de Linkedin, crearme una web con blog, escribir un post al mes y a centrarme en una red social para dar a conocer mi trabajo". A partir de aquí llegará la planificación para cada día de la semana como por ejemplo: "El lunes 10 a las 17:00 me apuntaré al curso de Linkedin que seguiré cada lunes de 17h a 19h".

Elegir una temática lo más específica posible en la que especializarte te convertirá en una persona más difícil de reemplazar y por tanto más valiosa tanto dentro de una compañía como a la hora de trabajar con clientes propios. Además será más fácil reconocerte dentro de tu sector. Agencias de Marketing Digital que hacen "un poco de todo" hay muchas pero agencias especializadas en campañas de publicidad online entradas en conseguir visitas de calidad hay muchas menos. Saber detectar estas oportunidades de negocio y aprovecharlas te permitirá ganar mucho más dinero y ser más reconocido por tu esfuerzo. Pero también hay que saber detectar el momento en el que uno puede empezar a abrirse a otros nichos y continuar creciendo. Incluso hay ocasiones en las que es bueno cambiar de nicho y volver a especializarse.

Si no estás en Internet no eres nadie. Seguro que lo has escuchado. Pero estar en Internet no es crearte una página de Facebook o un perfil en Instagram. Es mucho más. Debes tener tu propia web en la que trabajes el marketing de contenidos mediante un blog. Algo que controles tú y que no dependa de una empresa. Y para hacerlo bien debes invertir en ti. Lo bueno de esto es que en Internet todo es mucho más accesible y económico. Comprar tu nombre y apellido .com o registrar tu nombre y apellido o el de tu marca en cada una de las redes sociales más conocidas es también importante para preservar tu marca personal. Tu marca personal también está condicionada por la gente con la que te rodeas. Si vas siempre con empresarios la gente te asociará con esos empresarios. Si te rodeas de gente ambiciosa la gente te asociará con gente ambiciosa y así sucesivamente. Por tanto piensa muy bien con quién te rodeas y acude a eventos que te permitan crecer tanto profesional como personalmente para conocer a personas que tengan tus mismos principios y objetivos de vida. Esto te permitirá aumentar tus conocimientos en otros campos y abrir la mente. El caso es que interactuar con otras personas de forma online y offline es otra de las claves que debes integrar en tu estrategia para trabajar tu marca personal.

Crea un podcast, lanza tu propio evento, emite en directo durante 24 horas, cruza el estrecho de Gibraltar a nado, pinta el cuadro más pequeño del mundo, corre una maratón… Haz algo distinto e innovador para que la gente se acuerde de ti y te mantenga en su memoria. Como es lógico debe estar relacionado con tu sector y siempre dentro de tu estrategia para alcanzar tus objetivos. Piensa en personas que hayan destacado e intenta detectar eso que les ha permitido diferenciarse de la competencia. Y piensa también qué has hecho por primera vez en la última semana… En muchas ocasiones eso te permitirá inspirarte para tomar acción y hacer algo distinto.

La marca personal no es algo que podamos aparcar durante un tiempo. Tanto si hacemos como si no hacemos nada para cuidarla va a estar mejorando o empeorando en cada momento. Y esto implica que debemos ser constantes y adquirir ciertos hábitos que nos permitan mejorar nuestra marca personal día a día. Algunos hábitos como planificar la semana cada domingo, acudir a un evento presencial al mes, contactar cada día con una persona de tu sector a través de alguna red social, leer cada día biografías de gente de éxito, crear contenido online o aplicar la regla del 80/20 en tus acciones te ayudarán a mejorar tu marca personal. Conocer a las personas a las que quieras impactar gracias a tu marca personal te ayudará a definir una mejor estrategia. Para eso identifica quién ha contactado ya contigo para intentar encontrar algún patrón. Y sin duda saber que tu marca personal está siempre presente nos permitirá ser conscientes de la importancia de tener una planificación y empezar a trabajar nuestra marca personal cuanto antes. Hay muchas más acciones que podemos realizar como por ejemplo autopublicar un libro en Amazon o escribir artículos de invitado en blogs de referencia. Lo más importante como no paro de repetir es tener claro qué queremos conseguir y marcar unos plazos. Este es el momento de disparar tu marca personal porque quieras o no ya está afectando a tu vida y a tus ingresos. Así podrás crear tu propio negocio online y generar ingresos cada mes de una forma más rápida. Podrás ayudar a más personas, podrás llegar a más gente, podrás impactar en la vida de otros, podrás generar más confianza y podrás tener muchas más libertad. Gracias por ejemplo a las redes sociales podrás dar a conocer tu trabajo y con un poco de imaginación podrás ser único en tu sector.

Para probar esta semana

Aunque trabajar la marca personal de forma profesional no es para todo el mundo, piensa en esas acciones que podrías realizar con las que podrías dar a conocer tu trabajo a través de Internet. Puedes investigar cuentas que te gusten y que hagan las cosas distinto para sacar ideas.

Grupos de Mastermind

Tanto si estás empezando un proyecto online como si ya eres un experto y generas cientos de miles de euros, los grupos de mastermind casi siempre han sido uno de los pilares para alcanzar el éxito. Un mastermind es un grupo de entre 3 y 5 personas con especialidades complementarias pero con un objetivo de vida similar, que se reúnen cada semana o cada mes de forma presencial u online a través de vídeo-llamada e intercambian conocimientos para alcanzar objetivos y resolver problemas. Una de las ventajas más importantes es la posibilidad de acceder a conocimiento que no puedes adquirir de ninguna otra forma. Estar cara a cara te permite preguntar, aportar más valor y ser mucho más sincero. Hay cosas que no se comparten si no hablas con personas con las que te sientas identificado, a gusto y con la suficiente confianza. Además das a conocer cosas que te da vergüenza o no puedes compartir en abierto o experimentos tanto que han funcionado como que no. Otra de las ventajas es el grupo de amigos que se va formando con el tiempo. Gente con un mismo proyecto de vida con la que compartes experiencias, alegrías y tristezas cada poco tiempo. Las colaboraciones que surgen entre los integrantes del grupo pueden dar lugar a un crecimiento exponencial en tu negocio. Al marcarte objetivos, ya no eres el único que te evalúa. Ahora hay un grupo de personas que también te preguntarán sobre tus progresos y si vas alcanzando los objetivos que te has marcado pero también debes saber que la mayoría de los grupos de mastermind acaban desapareciendo al cabo de un año. Mucha gente no es constante, cambia de prioridades o no se siente a gusto con la gente. Sabiendo esto, es importante elegir bien a las personas del grupo, estar motivado y sobre todo ser consciente de que adquieres un compromiso con el grupo. Estar en un grupo de mastermind implica estar 100% implicado con las reuniones que se van celebrando y debe ser prioritario en tu negocio. En la mayoría de los casos deben ser emprendedores con una situación de negocio similar. No funcionaría bien si una persona acaba de crear su blog y otra ya está vendiendo cursos y facturando. No sería aconsejable que dos o más miembros sean por ejemplo programadores y que trabajen en la misma empresa. Un abogado con un negocio digital propio, un experto en email marketing que vende cursos online, un consultor tecnológico que vive de sus consultorías online y en empresas, una psicóloga que publica libros y realiza lanzamientos de cursos, un Community Manager que trabaja desde casa gestionando cuentas de empresas… Estos podrían ser perfiles que se complementen e indicados para formar un grupo de mastermind. Con respecto a la edad es interesante que se encuentren en un mismo rango pero no es algo imprescindible. Y el país o la ciudad en la que vivan los integrantes tampoco debe ser un impedimento aunque si son personas que viven en la misma ciudad hará que sea más fácil llevar a cabo reuniones presenciales de una forma más rápida. El mejor momento para unirse a un grupo de mastermind es el momento en el que vayas en serio con tu proyecto. No tienes por qué haber dejado tu trabajo si aún es lo que te da de comer, pero sí que tienes que tener en mente que el proyecto que estás empezando a crear en tu tiempo libre y los fines de semana va a ser tu forma de vida. Si ya tienes un negocio, sea grande o pequeño, deberías pensar en unirte a un grupo de mastermind cuanto antes. Es importante pensar qué es lo que te gustaría conseguir al formar parte de este grupo. Puede ser más inspiración, aprender nuevas formas para llevar tu negocio, conseguir una mayor motivación, crecer más, mejorar tu desarrollo personal y profesional… Algo importante es antes de finalizar cada reunión cada uno marque tres objetivos para revisar en la próxima. La base del grupo debe ser la sinceridad. De nada sirve crear un grupo de mastermind si no se es honesto y se cuentan los fracasos y los éxitos como son. Una de las personas puede actuar como líder, no como un jefe, pero sí que dirija de cierta forma las conversaciones llevando el tiempo por ejemplo. Esta persona puede ir cambiando en cada reunión. Y algo importante es que no esperes que alguna de las personas del grupo de mastermind vaya a implementar las propuestas de mejora. Tú mismo o tu equipo deben ser capaces de ponerse manos a la obra una vez terminada la reunión. Por último, un grupo de mastermind no es un sitio en el que pretendas preguntar y aprovecharte del conocimiento de otros sin tú aportar valor. El grupo de mastermind debe centrarse en el crecimiento del conjunto.

Facturación, ingresos o beneficio

¿Qué dirías si te digo que un autónomo factura 60.000€ al mes? ¿Le va bien o mal? A priori parece que a este autónomo le va bien, pero en realidad con ese dato no sabemos nada en absoluto. Y es que no es lo mismo facturar, que tener ingresos, que obtener beneficios o que ganar dinero. Hay negocios que facturan 60.000€ al mes y en realidad tienen un beneficio de 300€ al mes o incluso pueden tener pérdidas. Elegir el nicho en el que vas a centrar tu negocio es clave para conseguir crear un negocio de éxito. Facturar no es lo mismo que ingresar. Ingresos y beneficio son cosas distintas. A los ingresos deberemos restarle los gastos generados. Y es que si tenemos 300€ de ingresos mensuales pero tenemos que pagar 270€ de cuota de autónomo, descontar el IVA, añadir gastos de personal, de luz, gas, Internet, gestoría, etc., esto se complica y empezamos a tener pérdidas. No debemos olvidarnos que esto es un negocio y como tal, la fase o el momento en el que se encuentre afecta directamente a los resultados. No es lo mismo empezar un negocio de cero haciendo un buen plan de negocio y un buen plan de marketing y sabiendo que el primer año vamos a tener pérdidas pero que a partir del mes 13 vamos empezar a generar beneficios que no hacer nada de eso y pensar que la cosa va mal cuando en realidad es solo un proceso de crecimiento. Tampoco podemos olvidarnos de la situación económica en la que se encuentre el país o el mundo en general. Crear un negocio con una inversión alta en el sector de la construcción en el año 2008 seguramente no fuera una buena idea. Pero invertir o comprar Bitcoins ese año fue todo un acierto. La mayoría de las personas se sienten incómodas hablando sobre ingresos, gastos, beneficios y de negocios en general. La regla del 33% nos puede ayudar a crear un negocio próspero. Esta regla se basa separar los ingresos en tres partes: La primera (un 33%) para materia prima: alquiler de local, suministros, material, gastos, etc. La segunda (un 33%) para el pago a empleados incluyendo posibles gastos de despidos en un futuro, etc. La tercera (un 33%) para beneficios personales o de la empresa. Teniendo siempre en cuenta esta separación de los ingresos y sabiendo qué parte debemos destinar a cada caso, vamos a tener muchos menos problemas a la hora de crear un negocio sostenible. Parece algo básico pero la mayoría de los negocios que fracasan es porque no lo aplican. A partir de ahora si alguien te dice que factura 60.000€ al mes dale la enhorabuena, pero pregúntale cuánto dinero está ganando o qué beneficio tiene. Que nos digan verdades a medias o que nos intenten tomar el pelo es algo muy común en Internet y en la vida real. Eso sí, que cada vez más gente muestra una parte de sus datos económicos es algo realmente interesante para aprender y comprobar casos de éxito y de fracaso y más sabiendo interpretar mejor los datos.

Cómo poner precios

Lo primero que debes saber es que el valor de las cosas es relativo, es una cuestión de valor percibido. Una operación a corazón abierto en Estados Unidos cuesta entre 25.000€ y 65.000€. Si eres residente y trabajas en España es gratis. Solo con eso, si tengo que pagar más impuestos no me duele tanto porque sé que el sistema puede ayudar a mucha gente. Pero también sé que la gente no aprecia el valor de lo gratis. Aprender a poner el precio correcto y justo a tus productos, servicios, libros, cursos o infoproductos es una de las cosas más difíciles cuando te conviertes en emprendedor. Lo primero que debes saber es que los precios cambian a lo largo del tiempo dependiendo de muchos factores. Estacionalidad, conocimientos, cantidad y calidad de los productos o servicios, competencia, etc. No tienes más que ir a Amazon y ver que los precios de hoy no son los mismos que los de ayer. Las compañías de telefonía lanzan promociones constantemente para nuevos clientes siendo injustos en muchos casos con los clientes antiguos. Esto es el día a día de la venta. Los precios suben y bajan. Es algo normal que puedes aplicar a tu negocio. Por tanto, lo que quiero que veas es que si lo hacen las grandes empresas, tú también puedes cambiar y adaptar tus precios con sentido común. Para calcular tus precios debes hacerte una serie de preguntas. La primera sería cuánto dinero quieres ganar al año. Tanto si es tu fuente de ingresos principal como si no, debes pensar qué cantidad quieres ganar en los próximos 12 meses. Debes valorar si es tu primer producto o servicio, si eres nuevo en el negocio o no, cuánto tiempo le vas a dedicar al proyecto, qué estrategia de captación de clientes vas a seguir, si has hecho un buen análisis del cliente, cuánto dinero vas a invertir, etc. Cómo objetivo a 12 meses ingresar un sueldo de 12.000€/año (1.000€/mes) podría ser nuestro punto de partida. Preguntarte cuánto dinero vas a gastar sería el segundo paso. A esos ingresos habrá que restarle la inversión y los gastos que se hagan en herramientas, publicidad, comida, hipoteca o alquiler, luz, calefacción, gestoría, viajes…Voy a poner como ejemplo que cada mes vamos a gastar 1.000€. La tercera pregunta sería ¿cuánto dinero necesitas para vivir bien? Una vez vistos los dos primeros puntos debes sumar lo que quieres ganar con los gastos para poder sacar lo que necesitas para vivir bien ese primer año. En el ejemplo sería 1.000€ de lo que quiero ganar + 1.000€ de los gastos mensuales = 2.000€/mes que necesito para vivir bien, es decir, 24.000€/año. La cuarta: ¿Cuánto tiempo vas a trabajar? Si por ejemplo vas a trabajar 8 horas al día 5 días a la semana. Es cómo si trabajaras para una empresa el primer año. Más o menos se trabajan unos 220 días al año quitando vacaciones, festividades y fines de semana. Después calculamos a cuánto debería salir nuestra hora de trabajo de forma que podamos orientar nuestros precios.

220 días x 8h = 1760h.

24.000€/1760h=14€/hora. Por tanto debería ingresar 14×8=112€/día.

Con esto puedo calcular qué precio debes pedir si por ejemplo te llaman para dar una ponencia y te va a llevar un día entre trayecto, gasto de comer fuera, tiempo de preparación, etc. Ahora llega la parte final. Tienes que analizar si con tu negocio puedes ganar este dinero al día y hacerte varias preguntas. ¿Lo soporta el sector? ¿Tengo que vender más? ¿Tengo que cobrar más? ¿Tengo que vender más al mismo cliente? ¿Es realista? ¿Tengo experiencia suficiente? ¿He visto cierta evolución de mi negocio? El papel lo aguanta todo. La realidad no. Todo esto es la teoría. La práctica es otro mundo pero tener claros todo esto nos ayuda a ver nuestro negocio de una forma mucho más realista. Te recomiendo tener ingresos para poder vivir durante al menos 12 meses ya que lo normal es que durante el primer año no consigas generar casi ingresos. Lo que recomiendo si estás trabajando en una empresa es que vayas creando tu proyecto online y según vayas viendo una evolución positiva y empieces a generar algo de dinero pienses en dar el salto. Y recuerda que antes de ponerte a crear un producto, infoproducto o crear un servicio debes crear un producto mínimo viable para validarlo y no perder tiempo ni dinero sin necesidad. Esto te permitirá valorar el interés y ver si eres capaz de llegar a la gente adecuada sin ni siquiera crear el producto. Para terminar quiero preguntarte algo. ¿Por cuánto venderías tu ojo izquierdo? ¿Un millón de euros, 100 millones? ¿Lo venderías? ¿Y un pulmón? Y un par de preguntas más: ¿Cuánto vale tu cuerpo? ¿Lo cuidas acorde a su precio? Hay cosas que no tienen precio.

DÍA 6: ENTENDIENDO TU FELICIDAD

En el comienzo se juntaron todos los Dioses y decidieron crear las estrellas, los planetas, los mares, los cielos… Tras tanto trabajo y tanta belleza con su creación creyeron que alguien más debía de admirar todo eso que habían creado. Fue entonces cuando crearon a los animales, comenzando por los más pequeños hasta llegar a los más grandes. Pero los animales no se paraban a contemplar ni comprender todo lo que estaba a su alrededor por lo que tras unos cuantos milenios, en otra reunión de Dioses se les ocurrió la idea de crear un ser con inteligencia para poder pensar y un corazón para poder sentir. Así fue como crearon al hombre. Al cabo de un tiempo el hombre estaba desorientado. No era capaz de entender nada de lo que estaba a su alrededor y empezaba a sentirse desdichado inventándose cualquier cosa para explicar todo lo que sucedía a su alrededor. Fue entonces cuando los dioses decidieron tomar cartas en el asunto y tras mucho debatir le dieron el don de la felicidad. En ese momento el hombre se tumbó en el césped y simplemente contempló durante siglos las estrellas, los cielos y todo lo que había a su alrededor. Era completamente feliz y no necesitaba nada más. A los dioses esto no les gustó, se dieron cuenta de su error y fue entonces cuando decidieron que no le iban a quitar la felicidad pero se la esconderían para que hiciera uso de su inteligencia y de sus sentimientos. Unos propusieron esconderlo en el fondo del mar, otros en el cielo, otros en las montañas. Hasta que finalmente a uno se le ocurrió ocultar la felicidad en un cofre con una llave dentro del propio hombre. Tras mucho discutir uno de los dioses sugirió que se ocultara el cofre en su mente y la llave en su corazón para que hiciera uso de su inteligencia y de su sentimientos para poder encontrarla. Gracias a la bondad podría encontrarla. Todos aplaudieron.

Cómo ser feliz en la vida

¿Quieres saber cómo ser feliz en la vida? ¿Cómo vivir más y mejor? ¿Existe realmente la felicidad? Siempre hay un momento en la vida en el que nos preguntamos qué ha pasado, qué tengo que hacer para ser feliz, cómo hemos llegado donde estamos ahora y sobre todo, por qué no somos del todo felices. Incluso puede que nos sintamos infelices y nada contentos con nuestra vida. Es posible que tengas la sensación de haber desperdiciado gran parte de tu vida y echas la culpa a otros por no haberte avisado. Te voy a decir algo importante. No sirve de nada maldecir tu mala suerte. No vas a poder cambiar tu pasado. Pero hay una buena noticia. Puedes cambiar tu futuro y tu presente, y puedes empezar ahora mismo. Y es en ese punto donde necesitas saber cómo ser feliz en la vida, solo, en pareja, con problemas, sin problemas, en definitiva, descubrir cómo disfrutar de la vida sea cual sea la situación en la que te encuentres. Si nos vamos al presente, justo a este momento, teóricamente podríamos crear nuestro nivel de felicidad máxima, olvidando el pasado y el futuro. Sería como crear una burbuja temporal en la que nada de nuestro pasado nos afecta y nada de nuestro futuro nos distrae. Si lo piensas y eres capaz de centrarte en este preciso instante, se podría conseguir. Sería como eliminar todo lo que está aferrado a nuestros pensamientos para centrarnos en este preciso momento. Para conseguir esto deberíamos entrar en un proceso de meditación máximo. Saber esto es lo primero que debes tener en cuenta a la hora de buscar la felicidad. Podemos encontrar la felicidad de igual forma que encontramos el otro éxito.

La felicidad se consigue cuando hay un equilibrio entre amor, dinero, salud y trabajo, teniendo claro que la vida no es perfecta y definiendo en cada momento qué es lo que se quiere. Teniendo libertad y dejando claro que la felicidad es algo muy personal. Una persona podría ser muy feliz en una situación en particular y otra persona en esa misma situación sentirse un completo desdichado. La felicidad no existe como tal y es cada uno de nosotros el que identifica este concepto y lo define. Incluso para una misma persona lo que hoy le hace feliz, en un futuro o incluso en unas horas o minutos puede no hacerle feliz. La felicidad es por tanto un sentimiento que mide nuestro nivel de bienestar con nosotros mismos y la química tiene gran parte de culpa, en concreto de las endorfinas, la serotonina, la dopamina y la oxitocina. Aprendiendo a generar ciertas dosis de estas sustancias podremos mantener más altos niveles de felicidad. Una parte muy importante de nuestra felicidad está condicionada por el entorno y por cómo lo interpretamos. Levantarte cada mañana y que tu pareja te dé un beso de buenos días puede aumentar esa sensación de bienestar y felicidad. Que un día no te lo dé y tu interpretación pueden condicionar tu nivel de felicidad considerablemente. Nos sentimos pletóricos cuando estamos enamorados, tenemos salud, tenemos dinero en el banco y tenemos un trabajo que nos apasiona. Pero la vida es cambio. Nos solemos centrar en ese punto negro del folio en blanco que nos hace obsesionarnos. Y esto es un grave error porque así prácticamente nunca vamos a poder sentirnos felices. Saber valorar cada día todo lo bueno que tenemos y dar la importancia justa a cada cosa es otro punto importante para aumentar los niveles de felicidad. Cómo interpretemos todo lo que nos pasa en la vida, tanto si es nuestra propia decisión o la de otros, afecta a nuestro nivel de felicidad. Podemos decir que tenemos una especie de nivel de felicidad limitado por nosotros mismos, que en cada momento de nuestra vida identificamos. Este nivel de felicidad lo interpretamos gracias a diversos factores y por tanto, cuanto más alto sepamos manejar ese nivel de felicidad sin que haya grandes cambios mejor nos podremos sentir. De todas formas los momentos de bajo nivel de felicidad son también necesarios para detectar los niveles más altos y así aumentar ese límite mental que nosotros nos ponemos. Se puede decir que son momentos o épocas en las que nos sentimos más o menos satisfechos en varios aspectos de nuestra vida los que nos permiten hacer crecer nuestra "barra" de felicidad.

Para probar ahora

¿Hay algo que no te gusta? Alguna fruta, alguna verdura, algún color. ¿Por qué? Intenta buscar la raíz de esa creencia en tu pasado y valora si sigue teniendo sentido que no te guste.

Tu nivel de felicidad

Una vez sabemos qué es la felicidad, el segundo paso sería identificar el nivel de felicidad que tenemos en la actualidad. No te voy a pedir que hagas ningún test. Tú mismo sabes cómo te sientes en este momento y si no sabes muy bien qué nivel de felicidad tienes en la actualidad es que estás posiblemente en el medio de tu barra de medición. Se puede decir que te encontrarías al 50% de tu nivel de felicidad. En cualquier caso hay diferentes momentos buenos y malos en nuestra vida que afectan a cómo vemos nuestra realidad y la forma de afrontarlos es la clave para aumentar nuestro nivel de felicidad. Aprobar un examen, conseguir un buen trabajo o un simple gracias aumentarán nuestro nivel de felicidad. La muerte de una persona cercana, una ruptura sentimental, una mala noticia del médico o un despido son a priori factores externos que afectarán de forma negativa a nuestro nivel de felicidad. Pero no siempre esto es así. Seguramente te hayas sentido liberado y más feliz tras haber terminado con una relación tóxica o si te han despedido por fin de tu trabajo. En muchas ocasiones son otras personas las que toman la decisión por nosotros y esto nos ayuda. De todas formas lo más común es que no haya grandes saltos significativos en nuestro nivel de felicidad si no que sea un proceso gradual y diario. Es algo que debemos trabajar cada día dando pequeños pasos para conseguir esas metas que nos vayamos marcando que nos acercarán poco a poco a lo que deseemos. Y en otras ocasiones hasta que no baje nuestro nivel de felicidad hasta un límite imaginario no saltaremos del sofá y tomaremos medidas. El problema llega cuando no somos capaces de identificar este límite y nos mantenemos para siempre en una cuerda floja que no nos deja crecer. Por tanto un truco es pararse cada cierto tiempo para medir nuestro nivel de felicidad y tomar decisiones al respecto, incluso aunque a veces sean tajantes y afecten a otras personas. Tenemos en nuestro cuerpo un indicador de felicidad y yo le llamo "el cerebro del estómago". Creo que ya sabes a lo que me refiero. Ese nudo en el estómago que nos indica que algo no va bien. El mismo que surge cuando tras una fase de enamoramiento empiezan a entrar miedos y el estómago se contrae. Debemos aprender a gestionar nuestras emociones y a escuchar a nuestro estómago. Pero no solo el estómago nos avisa. Debemos escuchar a nuestro cuerpo. Si estás sin hacer deporte varios días, ¿te sientes mejor o peor? A mí me pesan más las piernas cuando esto pasa y me empieza a doler la espalda si por ejemplo paso muchas horas sentado frente al ordenador. Mi cuerpo me avisa. Si como mucho chocolate antes de dormir tengo pesadillas y mi estómago se siente pesado. Trata de detectar esos momentos, apúntalos y cámbialos. Crea un plan y empieza a cambiar tu vida hoy mismo para identificar tu nivel de felicidad actual y tras valorar de forma objetiva estos puntos ponte una nota de 0 a 10 en cada uno de ellos y hazlo cada cierto tiempo. Empieza ahora mismo. Deja de procrastinar y toma el control de tu vida. Cuanto más sepamos gestionar nuestras emociones y más valoremos nuestro nivel de felicidad más y mejor viviremos. Pero tampoco te obsesiones con tu nivel de felicidad. Dejarte llevar por tu instinto te ahorrará muchos quebraderos de cabeza. Recuerda que en cualquier momento puedes rectificar, es natural y bueno si eres sincero contigo mismo y con el resto de personas y cuanto antes lo hagas mejor. Simplemente el hecho de saber que todo es relativo puede ayudarte enormemente a detectar y aumentar tu nivel de felicidad. El tercer paso para mejorar nuestro nivel de felicidad consiste en conocer los factores principales que afectan a nuestra felicidad. Ya te comenté al principio que el entorno y cómo lo interpretamos son factores clave a la hora de manejar nuestro nivel de felicidad. Es decir, dónde vivimos y por dónde nos movemos, la calidad del aire, con qué personas nos rodeamos, nuestro trabajo, nuestro conocimiento sobre el tema, las acciones que vayamos tomando… Pero hay otros factores también importantes como por ejemplo la genética, que nos da al nacer cierta predisposición a ser más o menos felices. La química del cerebro al igual que su gestión también son otros factores. Por ejemplo forzándote a sonreír en momentos tristes hará que la química de tu cerebro empiece a cambiar. Sonreír nos hace más felices. El Sol y la luz son factores que afectan directamente a nuestro nivel de felicidad. Tratar de aprovechar todo lo posible esas horas de luz o mudarte a un país con más horas de luz puede definir un nivel de felicidad. Si no sabemos que podemos cambiar nunca cambiaremos. Si no sabemos distintas técnicas para cambiar tampoco sabremos cómo hacerlo posible aunque detectemos el problema. Si no leemos sobre ideas opuestas a las nuestras o si no sabemos cómo conseguir diferentes cosas es prácticamente imposible lograr nada. Todo debe estar primero en nuestra mente para lograrlo. Aprender psicología, meditación, historia, salud, alimentación…, en definitiva, aprender cosas nuevas cada día hace que nos sintamos más felices al activar nuestro cerebro. La actividad física es otro factor. ¿Qué pasa cuando estás sentado en una silla con una mala postura durante mucho tiempo? ¿O cuando llevas mucho tiempo sin salir a correr o sin casi moverte? Tus músculos se empiezan a atrofiar y todo te empieza a doler. Tu cuerpo te avisa una y otra vez y te pide que te muevas. Además te recompensa cuando haces ejercicio de forma constante aumentando los niveles de serotonina que te hacen sentir más feliz. Trata de sudar para limpiar tu cuerpo y expulsar toxinas. Mejorar nuestra salud está condicionado en gran parte por nuestra forma de vida y el nivel de felicidad que queramos alcanzar. El amor es un factor muy importante a la hora de medir nuestra felicidad al igual que el dinero, el trabajo, tus relaciones o tu alimentación. Pero sobre todo vuelvo a lo importante, la clave de la felicidad está en cómo nos enfrentemos de una forma positiva a cada unos de estos factores y saber apreciar los pequeños detalles de la vida como sentir la lluvia en tus manos, el roce de los rayos de sol en tu mejilla, apreciar las estrellas de una noche de verano, ver cómo se mueven las nubes en el cielo o sentir una simple caricia. La decisión está en nuestras manos. Piensa en esos momentos que te hacen sentir feliz y trata de replicarlos y repetirlos el mayor número de veces posible. La combinación de todos estos factores afectan directamente a nuestro nivel de felicidad. Pero si nos centramos solo en uno de ellos descartaremos el resto, y por tanto no apreciaremos todo lo que hemos conseguido. Respira. Respira profundo. Muy profundo.

Alcanzar la felicidad plena

La felicidad no tiene una meta. Solo con identificar esas pequeñas cosas de la vida que nos hacen sentir más felices es más que suficiente. ¿Qué puedo hacer ahora mismo para sentirme más feliz? Puede ser un gran cambio o algo pequeño. Y pregúntate también si eso que creo que me hará más feliz es realmente así. Cambiar nuestro concepto de felicidad es difícil ya que una gran parte ha sido condicionado durante años por la sociedad, nuestro padres, amigos o la televisión. No necesitar tanto nos permitirá liberarnos de un gran peso.

Realicé hace tiempo una encuesta preguntando cuál era el nivel de felicidad de cada uno de mis seguidores para que se puntuaran entre 0 y 100. El 95% situó su nivel de felicidad en torno al 80%. La mayoría de la gente se siente bastante feliz. Incluso en otra encuesta pregunté si se sentían felices en su trabajo y trabajaban en sus pasiones. De nuevo la gran mayoría respondió que sí. Esto no quiere decir que podamos extrapolar los resultados a nivel mundial. De hecho hay estudios que indican que más del 80% de los trabajadores del primer mundo no se sienten realizados en sus respectivos trabajos. Las conclusiones que saqué fueron que todo el mundo tiene un nivel de felicidad elevado dependiendo de cómo enfoques las preguntas. Por tanto, la felicidad ya está dentro de nosotros y hay que empezar a sacarla pero cada persona tiene un nivel de felicidad estándar condicionado por su genética. Puede subir o bajar dependiendo de las circunstancias pero siempre volverá a su nivel medio pasado cierto tiempo si no se trabaja. Está condicionada por la serotonina, dopamina y oxitocina pero si buscamos un sentido o propósito a nuestra vida la felicidad se mantiene más alta. Depende de cómo interpretemos la realidad. Que nos toca la lotería podemos verlo como un mundo lleno oportunidades para comprar casas, barcos o invitar a fiestas a la gente o como una situación peligrosa en la que debemos proteger el dinero y estar siempre con cuidado para que no nos lo roben o lo perdamos todo. Pero también podemos engañarnos a nosotros mismos buscando un propósito. Puede incluso que todo lo que sabemos sobre la felicidad sea un engaño. Imagina que has encontrado un sitio perfecto para recibir clases de surf por un muy buen precio a media hora de tu casa y empiezas aprender. Pasa un año y estás muy feliz por todo lo conseguido. Tras ese duro año de aprendizaje alguien te dice que justo enfrente de tu casa hay un sitio en el que el mayor referente del surf a nivel mundial ha estado dando clases gratis y que te podía haber enseñado lo que sabes ahora en menos de un meses. El hecho de conocer este dato y no haberlo sabido antes condiciona tu nivel de felicidad pero sobre todo cómo lo interpretes y gestiones. Y es que en realidad solo somos un conjunto de células que nos hemos dado cuenta que estamos aquí. ¿Qué es lo peor que puede pasar en la vida? ¿Que nos muramos? Tampoco es tan grave. Al fin y al cabo todos tendremos que pasar por ahí.

El negocio de la felicidad

¿Qué piensas al leer los siguientes titulares? "El porcentaje de empleados infelices en su trabajo es el más alto desde el año 2011". "Ocho de cada diez españoles son infelices en el trabajo". "El 10% de los trabajadores del planeta concentra casi el 50% del dinero que se paga en sueldos". Sin duda parece que conseguir un buen trabajo y un buen sueldo está solo al alcance de unos pocos. Es increíble porque diversos estudios muestran resultados completamente opuestos. Pero lo más curioso es el que el primer titular se basa en un estudio en el que se indica que "el 76,6% de los encuestados afirma que es feliz en su trabajo". Y aún así los medios son capaces de centrarse en la gran minoría y en algo que no refleja la realidad. Es como si a los medios no les gustara o les interesara que la gente sea feliz. O mejor dicho, las buenas noticias no venden. Ten mucho cuidado con lo que lees, escuchas y ves ya que un día tras otro puede hacernos ver un mundo que realmente no existe. Dejé de ver la televisión, las noticias y de leer periódicos casi por completo hace unos años. Con esto he podido ser mucho más productivo y ahora soy mucho más feliz. Esto no quiere decir que esté desconectado del mundo. Más bien al contrario. Reviso en redes sociales cada cierto tiempo lo que sucede pero además, si pasa algo importante que me pueda afectar me entero simplemente por estar conectado.

Era lunes, el despertador sonó como cada mañana las 7:10. María se despertó sobresaltada y alargó su mano para acabar con ese sufrimiento. La noche anterior se había quedado hasta tarde viendo su serie favorita y ya empezaba a notar esas horas de sueño que le iban a faltar durante el día. Se levantó de la cama y se dio un golpe en el dedo meñique con la pata de la cama. Maldijo su mala suerte. Llegó a la cocina, cogió una taza y se preparó un café. Sin darse cuenta al soltarlo en la mesa lo golpeó con el codo cayéndose al suelo y dejando la cocina llena de cristales y café. Chilló y maldijo ese día que se torcía cada vez más. Al llegar a su trabajo recordó que no había preparado la reunión que tenían a primera hora y que finalmente fue un desastre. El jefe se lo recriminó ya que hicieron perder el tiempo a un gran número de personas y tuvieron que programar otra reunión para el día siguiente. El resto del día no mejoró mucho. Por fin, se hizo de noche pero había tomado mucho más café de lo normal y ahora no podía dormirse. De nuevo sabía que el día siguiente iba a ser otro mal día. No entendía porque todo le salía mal y sentía que sus días se repetían sin que pudiera hacer nada para cambiarlo.

En esta historia, el mal día no se había presentado por azar, si no por las pequeñas decisiones que había ido tomando a lo lardo del día anterior y que iban a condicionar su día siguiente. De lo que no se había dado cuenta es que además de esas pequeñas decisiones que condicionaban el resto de sus días, la forma de afrontar lo que le pasaba a su alrededor le metía aún más en esa espiral de odio y rencor en la que se encontraba. No creo que tengamos un propósito en la vida y de hecho tratar de buscarlo, al igual que buscar una meta en la felicidad puede ser un grave error. El propósito en la vida debe verse en nuestro día a día, en nuestras emociones, en nuestros actos y en cómo nos sentimos. Por eso pararse a analizar qué está pasando en nuestra vida, qué estamos haciendo bien y qué debemos cambiar hoy mismo es un ejercicio que nos ayudará enormemente a ser más felices. Cuanto mayor sea tu nivel de felicidad menos te afectarán las cosas negativas que suceden a tu alrededor. Por tanto, cuanto menos te afecten las cosas negativas que pasan a tu alrededor más feliz serás. Esto no quiere decir que pases de las cosas si no que saques el lado positivo de las cosas lo antes posible. Aunque es un ejemplo muy trillado, Edison no fracasó mil veces antes de inventar la bombilla, descubrió 1.000 formas de cómo no crear una bombilla y con cada uno de estos fracasos estaba un poco más cerca de su objetivo. Recuerda que todos los extremos son malos. Empieza a ver tu pasado como un gran aprendizaje necesario y comienza a agradecer que has llegado hasta este momento porque muchas otras personas jamás lo descubrirán. La felicidad es contagiosa y debemos tratar de infectar al mayor número de personas posibles. Y para hacerlo nada mejor que practicar con el ejemplo. Solo tenemos que empezar a sonreír más y dar más abrazos. Creo que es algo bastante sencillo para empezar a hacer ahora mismo levantándote de la silla y abrazando a la personas que tengas más cerca, ¿te atreves? Darse cuenta de estos pequeños actos, de cómo reaccionamos y estar alerta para tomar el control de nuestra vida nos permitirá ser más felices. Estar dispuesto a ayudar a la gente te hará más feliz.

La técnica porqué

La técnica porqué o para qué consiste en preguntarte varias veces, entre cinco y siete, por qué haces las cosas encadenando las respuestas. Con esta sencilla técnica sabrás exactamente por qué y para qué haces las cosas. Por ejemplo:

P1: ¿Por qué trabajas donde trabajas?
R1: Para ganar dinero

P2: ¿Por qué quieres ganar dinero?
R2: Para poder pagar la hipoteca, las facturas, las vacaciones…

P3: ¿Por qué quieres pagar la hipoteca, las facturas, las vacaciones…?
R3: Para vivir bien y disfrutar de la vida

P4: ¿Por qué quieres vivir bien y disfrutar de la vida?
R4: Para que mis hijos tengan una buena educación y valoren el trabajo y el esfuerzo.

P5: ¿Por qué quieres que tus hijos tengan una buena educación y valoren en trabajo y el esfuerzo?
R5: Para que se conviertan en personas de éxito y sean felices.

P6: ¿Por qué quieres que tus hijos se conviertan en personas de éxito y sean felices?
R6: Porque les quiero.

Si te fijas hemos pasado de trabajar para ganar dinero a trabajar porque quieres a tus hijos. Esto te abre un mundo de respuestas inimaginables que te harán cuestionarte todo lo que haces en la vida y poder valorar si tiene sentido o no.

Para probar ahora

Utiliza la técnica "por qué" con varias cuestiones importantes de tu vida.

Ordena tu vida

Trata de poner orden en tu vida y para eso hay que empezar poniendo orden a nuestro alrededor. Nuestra casa, nuestra ropa, nuestra mesa de trabajo… Ordénalo todo. El orden de tu casa afecta en el orden de tu vida. ¿Te consideras una persona ordenada? Para saberlo, además de la respuesta de tu madre solo tienes que ir a tu cuarto y ver si tienes la cama hecha. Si no la tienes hecha no eres una persona ordenada. No valen excusas. Compra menos y vende o regala todo lo que no uses para empezar esa limpieza. Encima de los muebles de tu casa no debe haber nada. Esto te ayudará a mantener la casa en orden, a mantenerla más limpia ya que tardas menos en limpiar y a evitar distracciones. Cada vez estamos más conectados a un mundo en el que lo que vemos, oímos y sentimos es producto solo de nuestra mente. Más y más compras de productos digitales harán que nos perdamos en un mundo que no existe y del que no sabemos como ordenar. Las lentillas de realidad aumentada nos permitirán conectar nuestro cuerpo con el entorno y provocarán que cada vez nos evadamos más de la realidad, introduciéndonos en un mundo paralelo del que ya no habrá forma de salir. Y esto no sería malo si fuéramos capaces de aceptar y valorar la realidad, pero no será así, creando necesidades irreales cada vez más fuertes que fragmentarán la sociedad en gran medida. Ordenar nuestra vida será más difícil cada vez pero habrá gente que nos ayuda a conseguirlo. De momento céntrate en mantener el orden de tu alrededor.

Para probar ahora

Si no tienes hecha tu cama hazla ahora mismo. Crea el hábito de hacerla cada mañana. Añade a tu calendario una alarma para quitar todos los objetos que tengas encima de todos los muebles de tu casa (incluida la cocina) o en general por la casa para guardarlo todo dentro de los muebles, en el trastero o para venderlo, regalarlo o donarlo.

Vivir mejor que los ricos

¿De qué sirve ser rico si tu único objetivo es ganar más y más dinero y no disfrutas de la vida ni de tu tiempo? Sin duda cualquier persona que tenga cubiertas sus necesidades básicas puede vivir mejor que muchos ricos. Hoy en día ya no es necesario trabajar ocho horas al día cinco días a la semana para ganar un sueldo e incluso generar mucho dinero de forma más o menos pasiva sin necesidad de tener que intercambiar tiempo por dinero. Gracias a Internet y a todo lo que nos ofrecen las nuevas tecnologías podemos generar ingresos de una forma mucho más rápida y sencilla que en cualquier otro momento de la historia sin necesidad de ser una persona con un talento especial. Tenemos la información necesaria más accesible que nunca y quizás lo más complicado sea distinguir lo que nos sirve de lo que no. Vivimos en un momento de la historia en el que conseguir nuestros sueños está al alcance de nuestra mano si realmente queremos, pero a la vez el ritmo de vida cada vez más acelerado nos impide ver con claridad todas las posibilidades que se nos presentan. En ocasiones entran en nuestra mente creencias o pensamientos que nos impiden tomar acción y nos bloquean. Si no tenemos a nadie que quiera o pueda viajar con nosotros no viajamos, si no hay una persona que quiera o pueda ir al cine con nosotros no vamos, si ningún amigo quiere o puede salir de fiesta no salimos o si queremos practicar un nuevo deporte no lo hacemos si no hay alguien que nos acompañe. Todo esto son una vez más creencias limitantes. He viajado solo, he ido solo al cine, he salido de fiesta yo solo y he ido solo a jugar al fútbol. Durante estos momentos, gracias a ese primer paso, he conocido a gente increíble y he vivido experiencias únicas. Además puedes hacer muchas más cosas porque no dependes de nadie. Eres tú mismo. Sin duda si puedes hacer todo esto con alguien mucho mejor, se disfruta muchísimo. Pero en ocasiones solo estarás tú y tu actitud y no hay razón para detenerse por esa vocecita que te dice que no merece la pena hacerlo.

Y es que la gente no actúa porque tiene miedo a fracasar con sus sueños, y quedarse sin sueños sería un desastre para su vida. ¿Qué haría entonces? No hay nada que limite más a una persona que no actuar por miedo al fracaso. Como es lógico debemos intentar cubrirnos las espaldas de la mejor manera posible pero nunca vamos a tener la certeza absoluta de que no vayamos a fracasar. Lo que sí sabemos es que si no los intentamos será el mayor fracaso que podamos conseguir. Sonríe cuando estes triste y celebra las victorias que aún no has conseguido. El presente es el mismo para todo el mundo. Todo el mundo está viviendo únicamente en este preciso momento y solo pensar en ello debería hacer explotar tu mente. Todo el mundo, todo animal, todo el universo está viviendo este preciso momento. Un pequeño cambio aplicado en este momento puede afectar a todo el universo para siempre. Pregúntate qué es lo mejor que podrías estar haciendo en este momento con tu vida, con tu negocio, con las personas que amas o con las personas que aún no conoces y que están esperando conocerte. No esperes a que lleguen los cambios, haz que pasen ahora. Lo importante es cómo gestionas lo que pasa a tu alrededor. ¿A cuántas personas has ayudado hoy? ¿Y esta semana? ¿Y este año? Una de las claves de la felicidad es ayudar a otras personas como vimos. De forma egoísta, cuanto más ayudas mejor te sientes. De nuevo gracias a Internet podemos llegar a millones de personas en unos pocos segundos. Pero también podemos impactar de forma presencial. Muchas veces basta con interesarte por otras personas y cuando te pregunten qué tal estás, responde un "bien gracias, ¿y tú?", de una forma sincera para acto seguido interesarte más por cómo están realmente, por lo que hacen, por lo que les gusta. Y no hace falta esperar a que nos pregunten, podemos ser nosotros los que preguntemos.

El partido de fútbol

Me gusta ver la vida como un partido de fútbol. La única diferencia es que nosotros no sabemos cuando el árbitro (la vida) va a pitar el final del partido (la muerte). Puedes cambiar *fútbol* por tu deporte favorito o por otras situaciones de la vida. Si te gusta el fútbol o algún deporte te habrás dado cuenta del poder que tiene la mente para ganar o perder un partido o la liga. Vamos a suponer que el equipo A y B se enfrentan y están en la semifinal de una competición importante. A priori el equipo A es mejor que el equipo B. Nuestro equipo B debe ganar el partido para clasificarse, un empate no le vale y domina durante 85 minutos. Es en ese momento cuando consiguen marcar un gol. Tengamos en cuenta que los dos equipos ya han realizado todos sus cambios. ¿Qué crees que sucede tras ese momento de euforia? La mayoría de los equipos en esa situación cambian su mentalidad ganadora tras conseguir el objetivo y pasan a una mentalidad de escasez y miedo. El equipo B se echa atrás para defender el resultado. En un principio puede parecer una estrategia adecuada y realmente funciona en algunas ocasiones. Pero el mismo equipo que podía haber seguido buscando un segundo gol, atacando y dominando el partido cambia su mentalidad. Y el físico no es un impedimento ya que si no hubieran marcado el gol habrían seguido luchando por ese ansiado gol hasta que pitara el árbitro el final del partido. Este cambio de actitud es por tanto por algo mental condicionado por un factor también mental como es haber marcado un gol. Los jugadores, el terreno de juego, la afición, las camisetas, toda la situación sigue siendo la misma. El problema es que en la mayoría de las ocasiones ese miedo hace que el equipo contrario sea el que empieza a atacar, a dominar el partido y a tener ocasiones de gol. Y efectivamente en estos momentos el equipo A pasa a cambiar su mentalidad por una mentalidad positiva, de seguridad y de lucha. Y en muchas ocasiones el equipo A gracias al coraje y al miedo del equipo B consigue marcar un gol en el último minuto. Los jugadores siguen siendo los mismos, el terreno de juego sigue siendo el mismo, el público sigue siendo el mismo, la situación es la misma. Lo único que ha cambiado es un acontecimiento que ha repercutido en la mente de los jugadores hasta el nivel de cambiar por completo su actitud. Pero si se trabaja la mente y se hace uno capaz de dominar estos acontecimientos externos podríamos seguir luchando imaginando por ejemplo que necesitamos dos goles para clasificarnos. Lo que quería transmitir es básicamente que todo empieza en nuestra mente y que lo podemos ver en nuestro día a día. Es algo que a mí incluso me cuesta aceptar. ¿Es tan importante la mentalidad para conseguir cualquier cosa que nos propongamos? Sí. Sin duda hay otros factores que también determinan los resultados pero todo empieza en la mente y en el significado que damos a cada acontecimiento que pasa a nuestro alrededor. Cada persona ve el mismo acontecimiento con sus propios ojos y esto lo cambia todo. Incluso la misma persona dependiendo del momento de su vida interpreta los mismos acontecimientos de forma distinta. Y ¿qué podemos hacer para mejorar estas interpretaciones? Pregúntate, siempre que algo a tu alrededor te empiece a afectar de una forma negativa, si esa interpretación que das de la realidad es útil o no para tu vida. Pregúntate si tú quieres realmente vivir con un sentimiento de miedo, cobardía y frustración o con uno de lucha, positividad y pasión. Cuestiónate si es real o no esa interpretación. Saber que el potencial está en nuestra mente es clave para poder tener una vida mejor y alcanzar *el otro éxito*. Al igual que en un partido de fútbol, en la vida tu actitud es lo que. más cuenta.

El poder de los detalles

Pon atención a tu entorno y obtén información observando lo que hacen otros. Fíjate en los detalles cuando sales a la calle, cuando vas a un evento, cuando vas a la compra o en un restaurante. Qué ropa lleva la gente, cómo camina, como miran, cómo se comportan. Colgantes, tatuaje camisetas, velocidad, miradas… Alguien mordiéndose las uñas indica nerviosismo, alguien con arrugas en la ropa puede indicar que no se plancha la ropa, alguien con zapatos limpios indica que son nuevos o los ha limpiado, un cinturón deteriorado indica que se ha usado mucho. El lenguaje del cuerpo, las palabras usadas, incluso cómo te sientes cerca de esas personas nos puede dar pistas sobre cómo son esas personas y qué necesitan. Juega a saber el porqué, como se produjo, por qué pasa lo que pasa y ves lo que ves. Hay una serie llamada *Psych* en la que el protagonista se fija en todos los detalles de cada escena y valora el origen de todo. Podrás ser como un vidente pero de verdad. Analiza el presente para conocer el pasado y el futuro. Deja de leer un momento y mira a tu alrededor para analizar qué crees que ha pasado durante las 24 horas previas a este momento. Seguramente tú sepas ya la respuesta porque eres tú el que ha puesto los objetos como están ahora pero trata de pensarlo como si no lo supieras. La cama hecha implica que alguien la ha hecho, una libreta abierta implica que antes estaba cerrada, un armario cerrado implica que posiblemente haya estado abierto, un cajón entreabierto implica que podría contener algo o alguien ha sacado algo. Fijarnos en los detalles nos ofrece una ventaja para tomar mejores decisiones que mucha gente nunca verá y además es un juego muy divertido.

Para probar hoy

Cuando salgas de casa fíjate en los detalles. En la ropa que lleva la gente, en cómo caminan, imagina por qué se han puesto esa ropa, por qué caminan así, por qué van donde van. Puedes empezar a analizar tu propia casa y a sacar conclusiones a modo de juego. ¿Está hecha la cama? Indica que es una persona ordenada u otra persona ha hecho la cama. ¿En la cocina hay fruta en la mesa? Indica que dan importancia a la alimentación sana. ¿Qué fotos hay en la casa? ¿Con quién aparecen? ¿Solo fotos antiguas? Pueden dar mucha importancia al pasado. En el trabajo puedes analizar tu mesa de trabajo y la de tus compañeros. ¿Qué tienen encima de la mesa? ¿Orden, desorden? ¿A qué dan más importancia? Muchas notas en papel indica que no le gusta mucho la tecnología. Busca al menos un par de opciones posibles con tus conclusiones.

DÍA 7: ENCONTRANDO "EL OTRO ÉXITO"

Hace unos años un comerciante decidió vender sus empanadas caseras que sus vecinos consideraban las mejores del mundo. Alquiló un terreno y puso un gran cartel en el que se anunciaban las mejores empanadas caseras del mundo. Empezó a vender y vender consiguiendo ganar mucho dinero. No tenía tiempo de ver la televisión, ni de escuchar la radio ni de leer los periódicos. Sin embargo decidió reinvertir y comprar un terreno más grande siguiendo su instinto vendiendo más y más. Su hijo acababa de terminar la universidad y decidió ofrecerle la posibilidad de trabajar junto a él. Fue entonces cuando su hijo le preguntó si no había visto las noticias, ni escuchado la radio ni leído los periódicos. Estaban en plena crisis mundial. La situación era realmente crítica. El padre confiaba en su hijo. Había estudiado en la universidad y sabía mucho más que él así que decidió hacer menos empanadas, volver al terreno más pequeño y quitó el gran cartel. Las ventas empezaron a descender y tras unos meses el negocio tuvo que cerrar. El padre muy apenado le dijo finalmente a su hijo: "Hijo, tenías razón, la terrible crisis ha podido con el negocio".

La historia original la leí en el libro *"Déjame que te cuente"* de Jorge Bucay pero de nuevo le he dado mi toque personal. Sin duda hay una lección muy valiosa que podemos aprender. No te dejes influenciar por lo que otros dicen. El otro éxito se centra en la búsqueda de lo que realmente quieres independientemente de lo que pase a nuestro alrededor.

Enciende el interruptor

Hace un tiempo me mudé a vivir a una casa de campo en el sur de España. Después de unos meses llegaron unos vecinos. La casa en la que vivo está pegada por cada lado a otra casita de campo. El caso es que al poco tiempo de llegar los nuevos vecinos, se dejaron la luz del patio trasero encendida durante varias noches. Mi habitación tiene dos ventanas que se comunican con esa parte del patio y como la casa no tiene persianas la luz entraba por la noche. Es una luz tenue con tono fuego pero sin duda afectaba a mi descanso. Un día se lo comenté a la vecina y me dijo que se había dado cuenta pero que parecía que tenía un sistema automático para encenderse y que no era capaz de apagar la luz. Yo lo asumí y me fui acostumbrando a dormir con la luz entrando por mi cuarto. Despues de más de dos meses así, un día por casualidad, justo antes de irme a dormir, apreté uno de los dos interruptores que tenía junto a la puerta de mi patio y cuál fue mi sorpresa cuando ¡apagué la luz que entraba por mi ventana!. Yo era el que había encendido la luz y las casualidades hicieron el resto. Podemos estar equivocados aunque todo indique que una cosa es como es. A veces encontraremos el interruptor y nos daremos cuenta de nuestro error y otras no. Incluso podremos morir pensando que algo es de una forma sin ser realmente así porque todo indicaba claramente una cosa. Otras veces no habrá ni siquiera interruptor y estaremos en lo correcto. El simple hecho de saber esto nos quita un peso de encima porque si alguien nos muestra una idea contraria a nuestros ideales podría estar mostrándonos el interruptor del que nunca habíamos oído hablar. Luego ya depende de nosotros si nos atrevemos a encenderlo o no. Y es que vivir a ras de suelo hace que sea más fácil salir a la calle y me da más libertad. Insisto una vez más. El éxito está en tu mente y no es algo que se consiga o no, es una forma de vida y por tanto el éxito está en el camino. Tanto si crees que has alcanzado el éxito como si no, en ambos casos estarás en lo cierto.

Algunas claves sueltas

Quería recopilar una serie de pensamientos, notas e ideas sueltas que pudieran ayudarme a reflexionar sobre ciertas cuestiones de la vida y, aunque no tengan nada que ver unas con otras, creo que pueden resultar interesantes para cultivar la mente.

Identifica la adicción que no te deja ser libre. Tabaco, alcohol, té, café, azúcar. Eso que tomas cada día y que si no lo haces tú cerebro te lo recuerda sin que tú le preguntes. Eso que te hace esclavo de tus decisiones. Eso que cada cierto tiempo tienes que darle su dosis. Todos de una u otra forma tenemos cosas que nos gustan pero en el momento en el que dependamos de ellas pasan a un nivel subconsciente que pueden condicionar nuestra vida por completo. ¿Hay algo que tengas que hacer todos los días por obligación? Ahí está el verdadero problema.

Tu cerebro no entiende bien la palabra no. Y para que lo compruebes tú mismo lee lo siguiente: "No pienses en un unicornio blanco" ¿Has pensado en el unicornio? Como ves, el uso de la negación no puede procesarse bien en nuestro cerebro.

Tengo un acúfeno. Es un pitido constante en el oído. He aprendido a convivir con él. La mayor parte del tiempo no me doy cuenta. Durante las noches en silencio es cuando más lo percibo. No afecta a la calidad de audición pero cuando estoy en silencio ahí está. Todos tenemos algo con lo que tenemos que aprender a convivir. En algunas ocasiones se puede solucionar, en otras no.

Tu cerebro no diferencia entre realidad e imaginación. De hecho esto es algo muy poderoso. Entorna los ojos e imagina como vas a la cocina porque tienes sed. Visualízate sacando de la nevera y abriendo una botella bien fresca de tu bebida favorita. Sientes como entra ese líquido refrescante por tu boca mientras caen algunas gotas por tu barbilla. Habrás notado como en estos momentos estás produciendo más saliva de lo normal y casi has podido saborear el refresco. Es posible que te haya entrado sed de repente solo leyendo este texto. No has podido cerrar los ojos mientras lo leías pero te aseguro que si alguien te lo hubiera leído habría sido incluso más real.

Desde fuera todo se ve más fácil. Pide a otros que te den su opinión. Aprovecha que sabemos esa limitación que tenemos de valorarnos a nosotros mismos para pedir opinión a otros y luego actuar en consecuencia. Pero no pidas solo una opinión. Pide muchas eligiendo bien a quienes les pides opinión. *Lo importante no es quién soy yo si no quién eres tú.*

Todo lo que sabemos, incluso nuestro instinto es gracias a que otros nos lo han transmitido. Por eso no me gusta la palabra *autodidacta* ya que su interpretación no suele ser del todo correcta interpretando que alguien es autodidacta porque no paga por cierta formación o porque aprende gracias a Internet. Una técnica de aprendizaje muy extendida y que funciona consiste en repetir una y otra vez el proceso. Por eso a lo largo de este libro aparecen en en diversas ocasiones los mismos conceptos. Sé que puede resultar aburrido en algunos casos pero es un sistema muy efectivo para memorizar y más si se hace de forma estratégica. Si en algún momento piensas "esto ya lo sé o me suena" indicará que tu cerebro está haciendo un buen trabajo y que el paso de tomar acción para aplicar algunos conceptos en tu vida está más cerca.

El tiempo no existe. Sin duda en nuestra mente el concepto de presente, pasado y futuro está establecido. Esto nos ayuda a tomar mejores decisiones. Pero, ¿es esto en realidad así? El concepto de horas, minutos y segundos es algo creado por el ser humano. Nuestros ancestro no medían el tiempo así. Solo diferenciaban sus acciones entre pasado, presente y futuro. Pero si determinamos que el presente no existe, entonces no existiría ni el pasado ni el futuro. ¿Qué es el presente? Si pensamos en ello podemos definirlo como el momento entre el pasado y el futuro. Pero si lo intentamos buscar, por mucho que lo intentemos no podemos encontrarlo. En el mismo momento de definir ese espacio de tiempo ya se ha convertido en pasado por mucho que acotemos ese espacio de tiempo. Imagina una línea que defina el tiempo y justo en medio situamos el presente. Si nos acercamos podemos definir el presente como ese punto imaginario de digamos un día. Pero al acercarnos más tendremos que definirlo como una hora, luego un minuto, luego un segundo, luego un microsegundo y así hasta el infinito. Y si el presente es un punto que jamás puede definirse siendo infinito, entonces el pasado y el futuro no pueden determinarse. Esta es una especie de paradoja del tiempo y me lleva a cuestionarme si el tiempo existe realmente o solo está en nuestra mente por mucho que podamos verlo ahí fuera. Seguramente alguien tenga alguna explicación para ello.

¿Quieres ser feliz ahora mismo? Tardas menos de 30 segundos en conseguirlo. Pregúntate cada mañana qué tres cosas vas a hacer en el día que te gusten. Pueden ser cosas como ver tu serie favorita, dar un beso a una persona querida, jugar un partido de fútbol o incluso cosas tan triviales como respirar o comer. Inmediatamente después de esto tu forma de ver el día cambia, aumentarán los niveles de dopamina y serás más feliz. Pero esto lo haces hoy y mañana se te olvida. Añade una notificación sin sonido en el móvil para que todas las mañana a la hora de despertarte aparezca en tu móvil al mirarlo. Ya tenemos suficientes razones para ser felices. Si miramos atrás en la historia cada vez vivimos mejor. Vivimos en el sueño de cualquier persona del pasado. Pero siempre podemos ser un poco más felices si seguimos mejorando nosotros y mejorando nuestro mundo. Por eso creo que la combinación perfecta está en el equilibrio entre saber que tenemos lo que necesitamos para ser felices pero que podemos ser un poco más felices y que si nos detenemos demasiado degustando la felicidad esta se irá alejando.

Cosas que aprendí en el supermercado. Mi cerebro no veía fruta que no me cuestionaba comer. Un día me paré a analizar todos los tipos de fruta que por inercia nunca compraba. Decidí elegir una nueva que desconocía y que no sabía ni cómo se pelaba. Fue cuando descubría los kakis y desde entonces pasaron a ser mi fruta favorita. En ocasiones solo necesitamos que alguien nos dé un toque de atención. Aunque sepamos que muchas cosas que hacemos estén mal y sepamos qué deberíamos hacer en realidad, hasta que alguien en quien confiamos nos diga de una forma u otra esa otra opción no podremos actuar. Pero no de cualquier forma, tiene que ser en el momento adecuado y cuando nosotros lo necesitemos. De lo contrario puede generar el efecto contrario. Por tanto, vamos a intentarlo ahora mismo. Ese momento en el que dijiste que ibas a hacer más deporte y abandonaste a los pocos días. O cuando quería hacer eso que siempre habías querido, empezaste y al final lo fuiste dejando porque era más difícil de lo que parecía y requería mucho esfuerzo. Y por desgracias eso pasa con frecuencia. Hasta que aparece un motivo más grande que tú. Si no sabes qué es lo que quieres hacer empieza por pensar que es lo que no quieres hacer.

Busca un sitio donde tu dinero valga más. Eso quiere decir que la vivienda, comida y productos en general sean más baratos. Imagina que una casa en Madrid cuesta 200.000€. Esa misma casa cuesta la mitad en muchas zonas de costa de España o en muchas otras ciudades más pequeñas donde además el precio de otros muchos productos es muy inferior. Si tu trabajo no depende de un lugar físico, una buena forma de ganar más dinero de forma rápida y sencilla es simplemente mudándote. Con tus mismos ingresos tu dinero puede valer dos o tres veces más sólo por vivir en otro lugar, incluso en ciudades con una calidad de vida mayor.

Ya somos millonarios de tiempo. Cada año tienes 8.760 horas para decidir qué hacer con esas horas. Y el tiempo vale más que cualquier cosa en la vida porque es limitado para todo el mundo. Valora tu riqueza en tiempo pero ten en cuenta que no sabemos cuánto nos queda. Aprovéchalo.

Incluso viendo resultados cuesta seguir. Es normal. Intenta añadir esos procesos que te funcionan dentro de tus hábitos y rutinas diarias para que no tengas que pensar al realizarlos.

El dinero es importante. Si pudieras hablar con tu yo de hace 10 años y le dijeras lo que ganas ahora es muy probable que te dijera es no puedes tener problemas económicos con todo lo que ganas. Hay gente que gana mucho dinero cada mes y llega justo porque el ser humano tiende a rellenar el tiempo, el espacio y todo lo que puede con cosas innecesarias. No es cuestión de lo que ganas. Es cuestión de cómo distribuyes ese dinero. Si empezaras a ganar el doble a partir de ahora te aseguro que en menos de seis meses estarías de nuevo en la situación actual de llegar justo a final de mes. Te comprarías un nuevo coche, cambiarías de casa, gastarías más… Y de nuevo vuelta a la misma situación. Para solucionarlo debes trabajar tu mentalidad y empezar a dirigir tu vida.

Da las gracias a la gente que te ayuda. Si escuchas podcasts, si lees libros o si un vídeo te anima dale las gracias al creador. Es de las cosas que más anima a seguir con ese trabajo.

He creado una lista de episodios interesantes de podcasts que puedes buscar en Spotify de forma gratuita con el nombre "El otro éxito - Borja Girón".

¿A qué esperas? Ya vimos que todo empieza en tus pensamientos y ahí aparecen también las excusas. Cuando mi hijo sea mayor, cuando ahorre dinero, cuando la situación mejore, cuando me compre la casa, cuando termine la crisis, cuando pueda… No tienes que esperar a nada ni a nadie para tomar tus propias decisiones. Imagina que tienes un dolor de cuello que te impide correr una carrera, ¿podrías hacer algo para solucionarlo y que no te vuelva a pasar? Dejamos pasar oportunidades que tenemos delante de nuestras narices por no saber ver, por no fijarnos, por no estar atentos.

La luz natural nos ayuda a ser más felices. Trata de trabajar siempre cerca de una ventana y si te sientes triste sal de casa.

¿Te gustaría trabajar en Google, Apple o Amazon y ganar 10.000€ al mes o más? Te hago la pregunta de otra forma. ¿Te gustaría trabajar para cumplir los sueños de otros durante toda tu vida con 25 días de vacaciones al año, levantarte a las 6 de la mañana todos los días, estar obligado a hacer lo que te dice otra persona, seguir una políticas de empresa que en muchas ocasiones no siguen tus criterios éticos, pensar siempre en trabajo y tener poco tiempo para ti y tu familia? Ten cuidado porque el dinero tiende a nublarnos la mente.

Gran parte de nuestra vida y de nuestras acciones se basan en el **amor**. A veces aún teniéndolo todo nos hace falta algo. Es normal. No dar demasiada importancia a las cosas que no lo requieren nos ayudará en estos casos.

Imagina que vas a un restaurante y al pedir la cuenta te das cuenta que no te han cobrado varios platos. En ese momento piensas qué hacer. ¿Lo dices para que lo corrijan o pagas sin más y te vas sin decir nada? Si pagas y te vas sin decir nada sabes que no es lo correcto. Por mucho que puedas pensar que la comida o el servicio no han sido buenos esa no sería la solución a esa situación. **Hacer lo correcto** no es siempre tan fácil pero tener en mente que siempre debemos hacer lo correcto y que en situaciones donde sea más complicado elegir la mejor opciones trataremos de barajar todas las opciones para elegir la más adecuada nos permitirá sentirnos mejor con nosotros mismos porque sabrás que has hecho todo lo posible para hacer lo correcto.

No juzgues a las personas porque tú con su vida habrías hecho lo mismo. No juzgues a la gente porque en realidad no sabes nada de ellos y así podrás empezar a no juzgarte a ti mismo. ¿Como hacemos esto? Cuando pienses que alguien se ha reído de ti, cuando te cabreas con alguien que va muy despacio conduciendo o cuando alguien se comporta de una forma intolerable, tu primera reacción y tu primer pensamiento es de rechazo hacia esta persona. Y esto es normal. Choca con nuestras creencias y nuestros sentimientos. En ese punto es interesante pararse un segundo a pensar una alternativa por la que esa persona ha podido actuar así. Esto nos puede ofrecer un punto de vista totalmente distinto que abra nuestra mente. Si alguien se ríe de ti por algo que has hecho es muy posible que se rieran de esa persona antes y ahora la forma con la que intenta compensarlo es riéndose de otros. Esto nos puede dar un punto de lástima y comprensión ante la actitud de esta persona. Imagina que tienes prisa para llegar a una reunión de trabajo y delante de ti aparece un conductor que conduce muy despacio por una carretera de un único sentido. Empiezas a impacientarte y tu cerebro comienza a estresarse y a echar pestes sobre el otro conductor. Pero ahora imagina que descubres que ese conductor es un anciano de 90 años que su mayor sueño fue sacarse el carné de conducir pero no pudo porque no tenía dinero para pagar las clases y además perdió la vista de joven. Ahora, gracias aun una nueva operación pudo recuperarla y sacarse el carné de conducir. El anciano tiene miedos pero está tratando de superarlos y descubrir un mundo nuevo Ha sufrido mucho porque además recientemente perdió a un familiar muy cercano pero lucha cada día. ¿Seguirías enfadado con ese conductor lento? Para las próximas veces que te alteres al volante imagina que esas otras personas son personas con dificultades y problemas que tratan de superar día a día. Si pudiéramos empezar y ponernos en la piel de otras personas todo sería más fácil tanto para nosotros como para el resto. Esto me costó mucho entenderlo y ponerlo en práctica pero en la mayoría de las ocasiones los cambios importantes tenemos que empezarlos desde dentro con nuestra actitud, nuestra mentalidad, conociendo nuestras limitaciones y dándonos cuenta de que el proceso requiere constancia. Y aquí entra la parte de aceptarme con mis defectos y mis virtudes. Esto no implica no querer mejorar o cambiar para continuar creciendo personalmente, significa no martirizarme sin sentido. Y esta filosofía la trato de aplicar también al resto de las personas, tanto amigos, conocidos, familiares, novias… Cada uno es cómo es, y trato de no juzgar sus actuaciones o decisiones porque actúan de la forma que actúan y yo nunca podré estar en su mente para entenderlo todo.

Tu edad no te limita. Muchas veces pensamos que ya somos demasiado mayores o demasiado jóvenes para hacer algo. Que si no lo has hecho antes ya no lo puedes hacer o que tienes que esperar unos años para hacer algo. En la mayoría de los casos esto de nuevo sólo está en nuestra mente. Existen personas con más de 90 años que corren maratones, que saltan en paracaídas, que viajan por el mundo, que siguen cumpliendo sus sueños. Y jóvenes con 18 años que han creado su propia empresa o han inventado algo revolucionario sin ser genios. Y, aunque existen cosas que ciertamente la edad de una forma física nos limita, es mucho menos de lo que nos podemos imaginar.

La opinión de los demás

En muchas ocasiones nos dejamos influenciar o incluso manipular sin darnos cuenta. Y es que lo que opinan otros de nosotros nos hace tomar decisiones sin mucho sentido. Seguro que has ido alguna vez a una fiesta de disfraces y antes de entrar has intentado ver si realmente la gente estaba disfrazada para no ser tú el único disfrazado. O puede que hayas ido a algún evento y te hayas fijado si la gente va más o menos arreglada que tú para no desentonar y pensaste que no te tenías que haber vestido así. No nos suele gustar llamar demasiado la atención y presentarnos en una fiesta siendo el único disfrazado implica que mucha gente podría mirarnos y seríamos el centro de atención. Este tipo de situaciones nos hacen sentir incómodos. El sentimiento de pertenencia al grupo que como especie humana necesitamos provoca que para integrarnos tengamos que adoptar posturas comunes al grupo. Existen multitud de teorías de buenos hábitos que nos permitirían formar parte de ese grupo de personas de éxito al que queremos pertenecer.

Levántate a las cinco de la mañana. Haz descansos cada 25 minutos aplicando la técnica del Pomodoro. Consigue 1.000 fans verdaderos. Agradece lo que tienes. Medita. Especialízate. Incluso yo mismo te recomiendo y explico muchos de estos hábitos y técnicas. Pero más allá de si debes aplicar distintas técnicas y hábitos para formar parte de un grupo, es importante que se desarrolle un pensamiento crítico que nos permita tomar nuestras propias decisiones y cuestionarnos por qué queremos aplicar estas técnicas o hábitos y si realmente funcionan con nosotros. Como es lógico habrá que probar todos estas cosas de una forma oportuna y durante el tiempo adecuado para saber si es algo que nos ayuda o no, pero en ocasiones basta con cuestionarnos estas teorías y pensar las posibles consecuencias y lo que esto implica en nuestra vida. Levantarse a las cinco de la mañana por ejemplo implica que debes acostarte a las nueve de la noche si quieres dormir ocho horas. Hacer descansos cada 25 minutos para poder ser más productivo y aplicar la técnica del Pomodoro implica perder el foco de la tareas que estés realizando como cuando te despiertas de forma abrupta de un sueño. Conseguir 1.000 fans verdaderos que te paguen 100€ cada uno para ganar 100.000€ implica que necesitas 1.000.000 de seguidores para que de ese millón 1.000 cumplan los criterios de fans verdaderos y puedas comunicarte con ellos. Como ves hay una parte oculta que no se cuenta cuando nos venden métodos o técnicas milagrosas. Como cada persona es distinta, cada persona debe crear su propio método. Sin duda muchas de estas ideas pueden ayudarnos enormemente pero sólo si somos capaces de cuestionar sus vulnerabilidades y las adaptamos a nuestras propias necesidades. De todas formas ten cuidado y no te obsesiones con cuestionarlo todo. Hay que saber cuándo es necesario y con quién puedes hacerlo. Hacer preguntas inteligentes y coherentes está muy bien, ir al mínimo detalle y buscar el rizo suele ser contraproducente.

Ofrecer demasiadas cosas y no especializarte no es una buena estrategia a la hora de montar un negocio se suele decir. Y esto es verdad en la mayoría de los casos, pero no siempre. Depende del momento de la empresa, del tipo de empresa, del sector, del tipo de público y de una largo número de factores que afectan al éxito de un negocio. Amazon ahora vende prácticamente de todo aunque empezó vendiendo solo libros. Existen muchas tiendas que venden un poco de todo sin estar especializadas en nada en particular e incluso sin diferenciarse por precio desde sus inicios siendo negocios prósperos. Y es que, aunque en la mayoría de las ocasiones fijarse y tener en cuenta las opiniones de otros profesionales que hayan adquirido cierta experiencia nos pueda ayudar enormemente, somos nosotros los que deberemos tomar nuestras propias decisiones intentando valorar todas las opciones posibles. Para el caso de la meditación, es algo que yo recomiendo y aplico en mi día a día, pero, ¿podría haber algo más detrás de esta práctica? ¿Nos quieren convertir en robots a través de la meditación para que todo lo que está a nuestro alrededor nos altere menos? Los expertos en meditación dicen que es más bien lo contrario. Tampoco tiene sentido buscar siempre otro significado o intención en todas y cada una de las prácticas, hábitos o teorías que nos puedan ayudar, no estamos intentando buscar explicaciones misteriosas o sobrenaturales cuando la ciencia ya ha respondido y aclarado, pero sí es interesante tenerlo en cuenta para que no se nos manipule de una forma tan ostentosa y que las opiniones de otros no nos conviertan en robots sin pensamientos propios. Por tanto, cuando alguien te recomiende algo, pregúntate si esa persona tiene algún interés o beneficio si tú lo haces o aplicas y revisa si te explica las dificultades o problemas de ese método, hábito o técnica. Si hay un interés claro y además no se presentan dificultades o problemas es posible que simplemente estén intentando manipularnos. Incluso si esas dificultades que nos presentan están demasiado trabajadas es posible también que nos estén intentando engañar. *A veces es mejor no hablar para contarlo todo.*

Soy una persona bastante racional y analítica, sin embargo, si alguien dice alguna frase relacionada con la mala suerte yo también toco madera. Sin lugar a dudas vivimos en un mundo de supersticiones y creencias irracionales sin ningún sentido ni lógica. Cada vez menos pero si nos paramos a analizar nuestro día a día nos sorprendería todo lo que hacemos que no tiene ningún fundamento ni sentido. Muchas de estas creencias las tenemos tan interiorizadas y las vemos tan normales que no nos damos ni cuenta. No romper un espejo, no brindar con agua, no pasar por debajo de una escalera, cruzar los dedos, no abrir un paraguas a cubierto o evitar que se nos cruce un gato negro son solo algunos ejemplos. Pero esto va más allá. Muchos aviones no tienen la fila 13 o 17 entre sus asientos, incluso debemos comprar algo nuevo y rojo con cada entrada de año, pareciendo más bien una buena estrategia de marketing realizada por alguna marca de ropa interior. ¿Qué podemos hacer? Seguramente poco o nada. Quizás tomárnoslo con humor. Nuestro cerebro ya tiene marcado a fuego estas creencias y saltárselas puede hacer que nuestro cerebro se focalice en ese fatal desenlace de forma que tarde o temprano lo provocaremos. Aceptemos que venimos con ciertas taras. No obstante este tipo de rituales y creencias nos ayudan a integrarnos en la sociedad y a ser más empáticos con el resto. Algunas marcas conocen este poder de los rituales y creencias e intentan sacar tajada para diferenciarse y meterse en nuestras cabezas. Cervezas que necesitan una rodaja de limón, galletas que tienen que abrirse y chuparse antes de comerse o bombones que solo están disponibles durante ciertos meses del año.

El poder de la intuición

La intuición debe ser la brújula de todo lo que haces en la vida. Es una de esas cosas que si supiéramos escuchar y entender todo nos iría mucho mejor. En muchas ocasiones tenemos la solución en nosotros mismos pero debemos corroborarlo con otros para darnos cuenta. La intuición es muy poderosa y junta todos nuestros conocimientos y experiencias en una simple percepción. No uses el teléfono mientras conduces, no saltes ahí porque es posible que te caigas, no lleves tantas cosas en la bandeja porque se te caerá. Nuestra intuición está ahí. A veces nos juega malas pasadas y lo podemos confundir con el miedo o con mantenernos en nuestra zona de confort para no arriesgar. Sin duda es importante diferenciarlo. Nuestro cuerpo y nuestra mente pueden adaptarse a cualquier situación pero no fuerces la máquina. No esperes a recibir varios avisos de tu cuerpo para darte cuenta que necesitas un cambio. No engañes a tu intuición y al propio sentido común.

Un hombre se encontraba en medio del mar ahogándose y moviendo sus manos con fuerza. Al cabo de un rato y como por arte de magia, apareció un pescador en su barca que le preguntó al hombre si necesitaba ayuda. El hombre era muy religioso y le dijo: "No gracias, Dios me salvará" y el pescador se marchó. Al cabo de una hora el hombre se encontraba casi sin fuerzas y de nuevo como si de un milagro se tratara un barril apareció flotando a unos metros de él. El hombre, fiel a sus principios y confiando en su señor, no intentó nadar hacia el barril, confiando en que su Dios le salvaría. En menos de cinco minutos el hombre murió ahogado. Ya en el cielo, el hombre ofendido no entendía como su Dios, después de haberle dedicado toda su vida, le había dejado morir en medio del mar y le preguntó: "Dios, he dado toda mi vida por ti, he confiado en ti, he creído en ti y te he dado a conocer en todo el mundo, ¿cómo has podido abandonarme de tal forma?". Dios le respondió: "¡Te mandé un barco y un barril insensato!".

Tenemos la solución delante de nuestros ojos. Gente que nos puede ayudar. Libros con la solución a nuestros problemas. Google está lleno de respuestas y no somos capaces de darnos cuenta. El perro de mis vecinos no deja de llorar y sufrir cuando estos se van a trabajar y no son capaces de buscar en Google la solución. Existen infinidad de vídeos y artículos gratuitos de profesionales con diversos métodos que ofrecen una solución sencilla que haría que el perro que tanto quieren no sufriera y esté tranquilo cuando no haya nadie en casa. Es más fácil pensar que su perro es así. Que la vida es así. Que no se pueden cambiar cosas de la naturaleza. O que han tenido mala suerte con la genética del perro y con su forma de ser. Al igual que ahora no sorprende y horroriza el hecho de pensar que existieran esclavos, que la gente fumara en aviones y hospitales, que se creyera que miles de mujeres eran brujas y se las quemara vivas en la hoguera o que hubiera gente que pensara que la tierra era plana, en un futuro nos parecerá increíble que la gente se muriese, que haya creído en dioses, que fumara, que no se entendiera el origen del universo, que existieran partidos políticos, que los coches, trenes y aviones fuesen conducidos o pilotados por humanos, que pagáramos con monedas y billetes siendo estos nidos de virus y bacterias, que las personas trabajaran en algo que no les gustase, que pensáramos que estábamos solos en el universo, que se buscara pareja habiendo algoritmos que elegían a la persona perfecta, que tratásemos a la naturaleza hasta el borde la extinción o que se pensara que los animales no tenían conciencia. Algún día todo eso llegará y nos parecerá increíble haber pensado como hasta ahora.

En ocasiones veo referentes que tienen gran influencia en un sector dando consejos sobre otro sector o incluso ofreciendo cursos sobre técnicas que ellos mismos no aplican ni nunca han aplicado. Pensar si estas personas utilizan y aplican lo que nos dicen revisando sus resultados y conociendo cómo han llegado a su situación actual nos puede ayudar a elegir mejores referentes en los que fijarnos. Pero ten en cuenta también que hay grandes entrenadores de fútbol que han conseguido infinidad de títulos y nunca jugaron al fútbol. O grandes profesores de empresariales que nunca han creado una empresa. No suele ser lo normal, pero también existen esos casos. Y es que nuestro cerebro tiende a aceptar los engaños si el beneficio que nos venden es muy elevado sin prácticamente cuestionarnos si eso que nos ofrecen es posible o no. Por eso, cuando alguien nos trate de vender algo único y difícil de conseguir, un método fácil, rápido y efectivo o cuando nos proponen una ganga exclusiva para nosotros que muy poca gente conoce, tendemos a ignorar nuestra intuición. Debemos estar siempre alerta ante este tipo de acontecimientos.

El mundo va cada vez mejor. Menos guerras, menos muertes infantiles, la esperanza de vida es cada vez mayor, menos enfermedades sin tratamiento, menos pobreza extrema, recursos más accesibles para cada vez un mayor número de personas, cada vez más personas pueden acceder y tener posibilidades de cumplir sus sueños, más educación. Pero, ¿tienen todas las personas de éxito algo en común? Como hemos visto el éxito es algo muy personal y por tanto no habría una respuesta correcta. En el caso de acordar una definición deberíamos entrevistar a un número de personas representativo que cumplan con esa definición y buscar esos puntos en común. En el libro *"Aprendiendo de los mejores"* de Francisco Alcaide se consigue algo muy parecido.

Tengo una lista de problemas que estaría bien se ofreciera una solución según mi intuición. Algunas creo que son buenas y que mucha gente estaría dispuesta a pagar por ellas. Otras seguramente no. Un GPS que continúe funcionando en túneles mediante un algoritmo de simulación automático, un WC que no use agua potable y que funcione mediante aire comprimido, un *Google Earth* con vídeo en directo para poder ver lo que pasa en el mundo en tiempo real (con sus problemas de privacidad), nano-células que reparen y regeneren partes del cuerpo dañadas, análisis de ciertos comportamientos de personas para prevenir atentados o algunos acontecimientos fatales como hemos visto ya en algunas películas de ciencia ficción, planeador volador personal a modo de avión o dron con el que podamos recorrer el mundo y tener otra perspectiva, coches autónomos interconectados que hagan que no haya más muertes por accidentes de tráfico, un sistema de reciclaje de ropa, sensores en todos los productos para conocer su historia y procedencia, adiós a las baterías de móviles y otros productos gracias a una nueva energía limpia u auto-recargable sin enchufes, un wifi sin cortes ni distancias, apagar de despertador solo pensándolo, cometas para Kitesurf extensibles que se adapten a la fuerza del viento, eliminación de ruidos de coches, maquinaria y otros elementos, o un sistema que nos permita recordar si hemos hecho algo o no en el pasado, cosa que hemos visto ya en la serie Black Mirror. Pero ninguna de estas ideas, problemas o soluciones valen nada si no se toma acción y se llevan a la práctica. La gente tiene miedo a dar a conocer ideas y que otros se las roben, y efectivamente en algunos casos es necesario proteger las ideas con patentes y otros sistemas legales, pero en la mayoría de los casos esos miedos sólo están en nuestra mente y esto nos impide tomar acción y mejorar. Un día conocí a un pintor que ocultaba sus cuadros en su pequeña tienda de esquina para que otros vendedores no se los copiaran y los vendieran más baratos. Como te habrás dado cuenta esos miedos hacen que obras increíbles no puedan ser descubiertas por el mundo. Y es que tenemos un potencial dentro de nosotros enorme y si nos preocupáramos más por ayudar y no tuviéramos tantos miedos, podríamos tener un mundo aún mejor. Y por último debes saber que la intuición en algunas ocasiones necesita tiempo antes de tomar decisiones precipitadas. Unas veces será necesario actuar rápidamente pero otras, sobre todo si hay otras personas implicadas, necesitarán cierto tiempo para tener cierta perspectiva y aprovechar esa intuición de una forma apropiada sin que nos juegue malas pasadas. Qué incierto es todo, ¿verdad?

Para probar hoy

Vamos a utilizar nuestra intuición para valorar algunos aspectos de nuestra vida. Para ello sólo tienes que valorarte de 0 a 10 en estos aspectos de tu vida. No pienses, sólo escribe lo más rápidamente que puedas ese valor que consideres adecuado. En la actualidad, ¿qué valor ente 0 y 10 darías en tu vida a estos conceptos?

Salud:
Dinero:
Amor:
Trabajo:

Calidad de tus relaciones personales (amigos, familia, conocidos):

Ayuda que das a otros:

Tiempo dedicado a ti:

Valores aplicados en tu día a día (sinceridad, generosidad, alegría):

¿Cómo puntúas tu vida?:

Cómo superar las críticas

Todos estamos expuestos a las críticas de otros e incluso a las nuestras propias. Cuanto más ayudes o más te des a conocer, mayor número de críticas recibirás. Incluso Apple, Facebook y otras compañías multimillonarias con una gran reputación reciben críticas a diario. Y es que todos cometemos errores. Si lo asumimos y sabemos pedimos perdón todo será más fácil. No voy a entrar en temas legales o jurídicos, me refiero a errores que tanto personas como empresas puedan cometer y sobre todo a cómo se reacciona ante ciertos errores o críticas. Incluso en los casos en los que las críticas llegan sin ningún fundamento ni justificación es importante actuar con elegancia y compostura, por respeto a ti y al resto de personas. Hay críticas que no merecen tu tiempo y es importante saber responder de forma profesional y directa ya que en muchas ocasiones ese tiempo se lo quitas a otras personas que sí valoran tu trabajo. No obstante de nuevo es importante empatizar y ponernos en la piel de esa persona que ha dejado la crítica, tanto positiva como negativa o incluso ofensiva. Esto nos ayudará a reaccionar de una mejor forma y tomarnos el tiempo necesario para manejar de forma correcta la situación, pensando siempre en las implicaciones que puede tener nuestra respuesta. Cuando se pide perdón y se acepta un error nos más hace humanos y más cuando hay un trabajo previo y una confianza. Como es lógico, tener que pedir perdón y recibir críticas negativas de forma constante nos tiene que alertar sobre una posible mala gestión. Existen miles de casos en redes sociales que se solucionan con una simple disculpa y que además humanizan la marca pero otros muchos casos en los que una mala gestión ha provocado una crisis de reputación con pérdidas millonarias. En la vida es igual, hay que mantener siempre el control y reaccionar de una manera inteligente y pausada.

7 cosas que cambiaron mi vida

A lo largo de mi vida he cambiado mucho y tanto mis creencias como mis pensamientos más profundos han evolucionado. Todo el mundo cambia pero he de reconocer que es algo que cuesta porque en muchas ocasiones implica aceptar que has estado equivocado y que tus creencias de siempre no son las correctas. Incluso puedes darte cuenta de que has tenido una vida dedicada a algo que no era cierto. Para mí, descubrir estos errores y acierto es la mejor forma de avanzar y madurar en la vida. Estas son algunas de las creencias que más han marcado mi vida.

Cambiar mi desayuno: Desde siempre había desayunado leche con cereales, dulces y galletas. No me cuestionaba otra forma de desayuno. Me gustaba, lo disfrutaba y cambiarlo representaba casi una ofensa. Era lo que tenía que hacer para empezar el día y no podía pasar un día sin desayunar. Hasta que un día decidí cambiarlo. Normalmente los cambios comienzan por algún acontecimiento externo. En mi caso, tras leer algunos libros e informarme sobre la alimentación una amiga me dio unas recomendaciones para comer mejor. Además aprendí que no se debería distinguir el desayuno de otras comidas y que mi dieta contenía demasiada azúcar sin darme cuenta. Un día empecé a comer huevos, copos de avena, tomate y en definitiva eliminar todos esos azúcares e hidratos de carbono innecesarios de mi dieta que me daban energía durante un rato, creaban adicción y que además no me aportaban nada nutricionalmente. Empecé a consumir más productos sin etiqueta de ingredientes, más proteínas, más grasas naturales y empecé a sentir y ver los resultados en poco tiempo.

Dejar de creer en Dios: Me bautizaron, acudía a catequesis todas las semanas, hice la comunión y la confirmación y acudía a la iglesia todos los domingos. Pero poco a poco me empecé a cuestionar por qué creía en Dios. Fue entonces cuando empecé a interesarme por el origen de las religiones, a investigar sobre otras religiones y fue cuando descubrí el libro *"El espejismo de Dios"* de Richard Dawkins. A partir de este libro investigué más y más y me di cuenta que el ser humano necesita entender lo que pasa a su alrededor y cuando no se encuentra una respuesta clara se atribuye a lo más coherente en cada momento de la evolución. Ahí es donde entran los Dioses y el origen de las religiones. Estudiando las religiones antiguas del mundo y las actuales es cuando todo cobra sentido. Existe un documental llamado *"Zeistgeist"*, que aunque no es un documental perfecto, permite entender el origen de las religiones y cómo estas ayudan a gobiernos e instituciones a controlar a las personas mediante el miedo. Sin duda, cuando se tocan las creencias más profundas de la gente la primera reacción es negarlo pero cuando investigas sin cuestionarte tus creencias y aventurándote en descubrir por qué piensas como piensas y por qué crees lo que crees te das cuenta que en muchas ocasiones no te has parado a elegir por ti mismo y has dejado que otros decidan por ti. Independientemente de que nuestra libertad está de por sí limitada por nuestra cultura, el idioma, los padres, el momento de existencia, nuestro conocimiento y muchas otras razones, en la actualidad tenemos acceso a infinidad de información para poder cuestionarnos muchos aspectos importantes de la vida.

Descubrir otra vida: El libro *"La jornada laboral de 4 horas"* de Tim Ferris me abrió un mundo nuevo de posibilidades. Hasta entonces ni en mis sueños me permitía pensar que podría vivir haciendo lo que me gustaba y cobrar por ello. Aunque muchas cosas no las entendía ni fui capaz de asimilar hasta pasados unos años, ese libro me abrió la mente y me permitió elegir en mi vida. Fue el libro que me hizo pensar en la vida que estaba viviendo y me enseñó que otra vida que yo controlara era posible.

La verdad te libera: Aunque los seres humanos estamos programados para mentir y cada día mentimos varias veces según diversos estudios, el hecho de ocultar ciertas cosas en ciertos momentos no es algo positivo. He aprendido a decir las cosas como las siento y como son sin más. Esto me ha permitido ser y sentirme más libre y coherente conmigo mismo. Aunque algunas verdades duelen es importante ser uno mismo y no dejarse condicionar por otras personas. Como es lógico hay situaciones en las que hay que tener tacto y no siempre es necesario decir o expresar todo lo que uno siente. El tacto y la empatía siempre deben estar acompañados de nuestras palabras. Darme cuenta de que todos tenemos defectos y que tenemos que tratar de mejorarlos me ayuda a mejorar cada día.

Vender es ayudar: Y con esto me refiero al cambio de mentalidad necesario que me ayudó a crear negocios online. Y es que en toda la fase educativa tradicional no había recibido ninguna formación sobre educación financiera más allá de un par de asignaturas de economía en la universidad en las que aprendía ciertas cosas de cómo funciona la gestión del dinero a nivel empresarial pero nada sobre el buen uso del dinero. Cuando decidí emprender por mi cuenta sabía que era necesario llevarme bien con el dinero y de nuevo trabajar mis creencias limitantes. Además de leer muchos libros, en Internet existen infinidad de vídeos que ayudan a trabajar este tipo de creencias impuestas por nuestra sociedad. Ni el dinero es malo. Ni el dinero corrompe. Ni el dinero es el problema ni la solución. El dinero es neutro y somos nosotros los que decidimos qué hacer con él, sacando lo mejor o lo peor de nosotros mismos.

Perder el miedo escénico: Hablar en público era uno de mis talones de Aquiles. Si quería trabajar mi marca personal y crear un negocio rentable tenía que aprender a hablar en público. Además era algo que siempre había querido superar. Empecé poco a poco a compartir contenido en redes sociales, a escribir en mi blog, luego a crear vídeos, después a emitir vídeos en directo, a dar charlas en grupos reducidos, después a crear mis podcasts y más tarde a dar ponencias con cientos de asistentes. Ha sido un proceso continuo de superación y aprendizaje. Compartir experiencias y hablar sobre mi día a día y sobre temas que me apasionan me ayudó mucho.

Aprender cosas nuevas: Para aprender inglés me fui a trabajar un año a Inglaterra tras terminar la carrera. Los primeros días fueron duros al estar solo en un país nuevo trabajando en la cocina de un hotel, pero es una de las decisiones que más me ha ayudado en mi vida y que me abrió de nuevo un mundo lleno de posibilidades. Aprender a bailar salsa y bachata es una de las cosas más difíciles que he hecho en mi vida. Es un hobby para mí y lo adoro. No conocía el mundo del baile por dentro y tenía muchas creencias que resultaron ser erróneas. Además, una vez dado el paso se me abrió un mundo nuevo a nivel mental. Ahora bailar es una forma de vida. Entran ganas de abandonar, sobre todo cuando apenas se ven resultados en los inicios, pero merece la pena. Aprender a tocar la guitarra, terminar la carrera de Ingeniería Informática, hacer un máster, aprender submarinismo, aprender kitesurf o aprender surf son algunas de las cosas que he conseguido en la vida o que estoy en ello. ¿Qué has hecho por primera vez durante el último mes?

No busques un milagro que solucione tus problemas

Hace unos años, uno de los mejores conferencistas del mundo se disponía a dar una de sus magistrales charlas que cambiaban la vida de las personas. Se habían concentrado miles de personas para aprender de su sabiduría. El conferencista se situó en el centro del escenario y dijo:

- ¿Sabéis lo que he venido a contar hoy aquí?

Todos respondieron que no. En ese momento el gran conferencista dijo:

- Si no lo sabéis es que no estás preparados para escucharlo.

y se fue sin decir nada más. Al cabo de unos meses había aún más expectación y recibió miles de peticiones para que por favor hiciera una segunda charla. Accedió, y a la segunda charla se presentaron más del doble de personas que a la primera. La gente ya iba preparada. El conferencista se situó de nuevo en el centro del escenario y dijo:

- ¿Sabéis lo que he venido a contar hoy aquí?

Entonces todos respondieron al unísono que sí. El conferencista entonces dijo:

- Si lo sabéis entonces no tengo nada que contar.

Y se fue. La gente no entendía nada pero cada vez había más admiración. Más y más peticiones le llegaron para que hiciera una tercera charla. Llenó un estadio entero para el tercer intento. La gente iba mejor preparada esta vez. Entonces el conferencista se situó por última vez en el centro del escenario y dijo:

- ¿Sabéis que he venido a contar hoy aquí?

Entonces todos respondieron que unos sí y otros no. A esto el conferencista respondió:

- En ese caso, que los que saben enseñen a los que no saben.

y se fue para siempre no dando nunca más una charla.

No busques un milagro que solucione tus problemas. Si tú no tomas acción puedes leer libros, escuchar conferencias, seguir a gurús o adquirir conocimientos de todo tipo, pero si no aplicas ese conocimiento no sirve de nada. Muchos podrán guiarte pero tú eres el que debes tomar tus propias decisiones. Aplica en base a tu ética y conocimiento. Pero no confundas eso con querer hacer todo por tu cuenta sin la ayuda de otras personas. Y esto tampoco quiere decir que otros te ayuden gratis.

Lo imposible

Lo imposible es aquello que no intentas. La vida es un 10% lo que te ocurre y un 90% cómo respondes a ello. La única manera de tener éxito es intentarlo siempre una vez más. Sonríe cada día, vive a cada instante, ama a cada hora, disfruta cada segundo. La vida es muy corta para odiar los lunes. No busques el momento perfecto, solo busca el momento y hazlo perfecto. No sufras por tu pasado, ni te obsesiones por tu futuro, disfruta el presente. No se necesita sufrir para aprender. Sueña, no te conformes con dormir. Si estás buscando a la persona que cambiará tu vida, mírate en el espejo. Si tu plan no funciona cambia el plan pero no cambies la meta. Si quieres llegar rápido camina solo, si quieres llegar lejos camina en grupo. Deja de esperar que las cosas pasen, sal ahí fuera y haz que pasen.

Para pensar ahora

Imagina que has muerto y puedes ver tu funeral. ¿Qué te gustaría que dijera la gente que acude al funeral? ¿Quién querrías que fuera a tu funeral? ¿Crees que vas por buen camino para cuando eso pase?

¿Y AHORA QUÉ?

Una vez me contaron la historia de dos hermanos gemelos que crecieron en una familia desestructurada con un padre alcohólico que los maltrataba. Cuando los dos hermanos cumplieron 35 años alguien se preocupó por preguntarles cómo les iba en la vida. Uno era una persona de éxito, había encontrado "El otro éxito" y estaba teniendo una gran vida. El otro estaba metido en drogas y tenía una vida complicada y deteriorada. Cuando les preguntaron cómo habían llegado a la situación actual ambos respondieron lo mismo: "Con el padre que tenía no he tenido otra opción".

Este libro empezaba con una dedicatoria: *"Este libro es para ti, tú sabes bien quién eres"*. Lo que me gusta de esa frase es que tiene dos interpretaciones. Una es posible que no te la hubieras planteado. ¿Pensabas que se lo dedicaba a una persona especial que no conoces? o ¿pensaste que te la dedica a ti, lector, porque sabes quién eres realmente?

Solo existe una forma para que una persona haga algo de forma efectiva y es que esta persona quiera hacerlo. Los siete pasos para descubrir el otro éxito son importantes pero si quiero que te quedes con algo tras leer este libro es que *el otro éxito* ya lo tienes en este momento, ya puedes disfrutarlo, ya puedes vivirlo. El hecho de estar leyendo este libro, el hecho de estar vivo o el hecho de poder sentir son factores más que suficientes para disfrutar y tener éxito. Empieza agradecer todo lo que tienes en este momento, empieza vivir al máximo, empieza a vivir sin miedo. Hay situaciones en las que te sentirás feliz, otras en las que te sentirás más triste pero incluso en esas situaciones puedes sentirte agradecido por estar aquí, por disfrutar el momento, por disfrutar el presente. Todas las técnicas combinadas y utilizadas de forma natural son una de las mayores armas para conseguir cualquier cosa que te propongas. No funcionarán con todo el mundo pero sí nos permiten tener más control y libertad, y conocerlas nos permitirá tomar mejores decisiones. En la mayoría de los casos no nos damos cuenta de que ya utilizamos muchas de estas técnicas y ese es uno de los objetivos de este libro, darse cuenta de estos pequeños gestos, esos insignificantes comienzos de frases, esas palabras sueltas que decimos en nuestro día a día y que pueden utilizarse de una mejor manera para conseguir una reacción más positiva. Todas las técnicas vistas puedes usarlas desde ahora mismo. Relee, estudia y practica cada una de las ideas del libro porque tienen mucha más fuerza de la que te puedes imaginar. A veces, cuando veo la cantidad de casas que se construyen donde antes había bosques, la cantidad de animales que matamos y maltratamos para nuestro consumo, y en general lo que hacemos con nuestro planeta, me pregunto qué pasaría si nos extinguiéramos. Muchas veces pienso que debemos extinguirnos. No somos capaces de apreciar lo que tenemos a nuestro alrededor y nos dejamos llevar por el día a día. Queremos más y más y nunca estamos satisfechos. La consciencia o la inteligencia son solo unas características evolutivas más. Creernos superiores por ese hecho y algunos otros no tiene sentido. Es como si consideráramos superiores a los animales que son capaces de percibir el campo magnético terrestre o que son capaces de ver un conejo a más de 3km como algunas aves. De momento seguiremos aquí, así que, hagámoslo de la mejor manera posible.

PLAN DE ACCIÓN DE 7 DÍAS

A lo largo del libro he ido añadiendo diversos ejercicios para que, incluso aunque no quisieras, fueras preparando tu mente. Otros ejercicios requerían algo más de esfuerzo por tu parte. Si aún no has hecho ningún ejercicio de los que te he indicado en el libro y que requerían levantar la vista del libro, ¡enhorabuena!, estás dentro del 98% de la población que a pesar de tener frente a sus ojos oportunidades para mejorar su vida y acercarse hacia "el *otro éxito*" no hacen nada. No te juzgues. No te preocupes. Es algo completamente normal. Pero ahora tienes una nueva oportunidad. En este plan de 7 días recopilo las acciones que puedes hacer durante los próximos 7 días para empezar a ver resultados y alcanzar "*el otro éxito*". Lo bueno es que puedes empezar ahora mismo. Si por el contrario estás en ese otro 2% que sí ha ido haciendo los ejercicios esta es tu oportunidad para empezar a crear nuevos hábitos y sentirte con el poder que te permite interiorizar los conceptos y ver las cosas con otros ojos. Muchas de las cosas que te he comentado en el libro ya las sabías, lo difícil es crear el hábito y aplicarlo disfrutando. Ahora sí, vamos con el plan para los próximos 7 días.

Ahora mismo

Esto que te propongo puede ser complicado para más de uno. ¿Qué tal pasar el día de hoy sin comer azúcar? Nada de echar azúcar a tus bebidas, nada de dulces, nada de chocolate, nada de bollos. Pruébalo. Solo hoy.

Día 2

Respira profundamente. Inhala. Exhala. Inhala. Exhala. Siente como el aire entra en tus pulmones, ese aire que estaba en la habitación o en tu entorno ahora está dentro de ti, siente como de unes al entorno, cómo te fundes, cómo formas parte de la naturaleza. Siente como ese aire roza tu nariz, entra por la tráquea, infla tus pulmones a medida que entra más y más aire, cómo lo retienes unos segundos y cómo lo empiezas a expulsar por la boca mientras el aire roza tus labios a la vez que se vacían tus pulmones. ¿Lo sientes? Toca las hojas de este libro o el lector electrónico. Siéntelo. Escucha el sonido al pasar tu dedo. Nota la suavidad y el olor de tu alrededor.

Día 3

Este ejercicio lo leí hace unos años en un libro y enterró muchas de mis creencias en un momento. No todo el mundo está preparado para hacerlo pero es bastante sencillo. Sólo tienes que marcar un número de teléfono aleatorio y preguntar por Pedro o María. Con suerte te dirán que no hay ningún Pedro o María y en ese momento debes que disculparte por el error pero pedirle si por favor te puede recomendar una película para ver en el cine ya que quieres ir con tu novio, novia, amigo o conocido y te gustaría recibir su recomendación. Te sorprenderá cómo reacciona la gente y no es como piensas, te lo aseguro.

Día 4

¿Qué harías si te quedaran siete meses de vida? Posiblemente dejarlo todo y viajar por el mundo. ¿Qué harías si te quedaran siete días de vida? Posiblemente los pasarías con tu familia y seres queridos. ¿Qué harías si te quedaran siete minutos de vida? Posiblemente tratarías de reconciliarte contigo mismo y perdonarte. Siento tener que tratar este tema pero estos momentos llegarán a nuestra vida, no sabemos cuando pero llegarán. Trata de estar en paz contigo y con la gente que te quiere cuando esto suceda. Solo piensa qué harías en esas situaciones para que cuando lleguen estés preparado.

Día 5

En los negocios normalmente cuanto más ayudas a la gente más dinero ganas. Cuanto más necesidades y problemas solucionas más dinero ganas. Es prácticamente una causa-efecto que se produce como cuando das una patada a un balón y este sale disparado. Piensa cómo puedes ayudar a alguien en concreto y luego piensa cómo puedes ayudar a más personas en esa situación.

Día 6

¿Qué es lo que más te gusta? O algo que te guste más que otras cosas. ¿Te gusta mirar las estrellas? ¿Oler? ¿Esa sensación de introducir tu mano dentro de una bolsa llena de arroz? Elige una cosa y hazla durante el día de hoy. Disfruta de ese momento. Agradece ese momento: "Hoy estoy muy agradecido por haber disfrutado de una puesta de sol única, por haber podido hablar y ayudar a mi vecino o por el abrazo que he dado esa persona que tanto quiero". Pero cuidado. Agradecer no quiere decir que te conformes con lo que tienes y si algo te sale mal des las gracias porque al menos tienes algo. Agradecer no es decir "al menos tengo trabajo", "al menos tengo para comer" o "al menos tengo casa". El mundo es abundante y tiene infinitas cosas para ofrecernos. Tener esa actitud de escasez implica vivir en un mundo que en realidad no existe porque el mundo es abundante. Debemos agradecer tres cosas cada día que nos acerquen a los objetivos que nos marquemos, tanto profesional como personal. Debemos tener una actitud y mentalidad de abundancia y no de resignación o conformismo. Busca en Spotify la lista "El otro éxito - Borja Girón" o busca en Google "El otro éxito Borja Spotify" y escucha los episodios de diferentes podcasts que más han impactado en mi vida.

Día 7

Ya has descubierto "el otro éxito", ese éxito que está en tu interior y depende solo de ti. Hoy no tienes que hacer nada. Es un día para ti. Puedes seguir con tu rutina habitual o hacer lo que quieras. Eres libre. Ahora cuando estés pensando, llorando, riendo, amando, mirando, oyendo, sintiendo tocando o escribiendo, leyendo, conduciendo, estudiando, comiendo, nadando, jugando, trata de percibir más, trata de sentir de una forma más intensa, trata de vivirlo todo.

Tu opinión es muy importante para mí

Después de leer el libro, ¿crees que te han aportado algo las historias, las ideas o los aprendizajes? ¿Crees que puede serle útil a otras personas? Puedes escribirme y contármelo en mis redes sociales como @borjagiron o escribiendo una reseña sincera en Amazon. De esta forma me ayudarás a seguir mejorando. Muchas gracias por llegar hasta aquí. No todo el mundo lo consigue.

Si quieres continuar el camino de aprendizaje puedes hacerlo entrando en **borjagiron.com** y apuntándote a mi Newsletter Privada y gratuita. Así podrás recibir cada día en tu email mis secretos para emprender con éxito.

Te veo dentro.

Referencias

Venturing a 30-year Longitudinal Study. Jack Block, Jeanne H Block. (2006)

Smile Intensity in Photographs Predicts Longevity. Ernest L. Abel, Michael L. Kruger. (2010)

Assessing the Big Five personality traits using real-life static facial images. Alexander Kachur, Evgeny Osin, Denis Davydov, Konstantin Shutilov & Alexey Novokshonov. (2020)

A robust data-driven approach identifies four personality types across four large data sets. Martin Gerlach, Beatrice Farb, William Revelle and Luís A. Nunes Amaral. (2018)

The Mindlessness of Ostensibly Thoughtful Action: The Role of "Place-bic" Information in Interpersonal Interaction. Ellen Langer, Harvard University. Arthur Blank and Benzion Chanowitz. The Graduate Center. (1978)

El "nido repleto": la resolución de conflictos familiares cuando los hijos mayores se quedan en el hogar. Beatriz Rodriguez. María José Rodrigo. (2011)

The influence of brand immediacy in consumer engagement behaviours: a revised social impact model. Doctoral Colloquium . AM Conference (2014)

Concepto, dimensiones y antecedentes de la confianza en los entornos virtuales. Silvia Sanz, Carla Ruiz, Isabel Pérez. (2009)

The role of visual complexity and prototypicality regarding first impression of websites: Working towards understanding aesthetic judgments. Alexandre N. Tuch, Eva E. Presslaber, Markus Stocklin, Klaus Opwis, Javier A. Bargas-Avila. (2012)

Instrumentational Complexity of Music Genres and Why Simplicity Sells. Gamaliel Percino, Peter Klimek, Stefan Thurner. (2014)

How cults rewire the brain. Diane Benscoter. TED. (2009)

El principio de reciprocidad desde la perspectiva sustantivista. Patricia Nettel Díaz. (1993)

Self-Perceived Attractiveness and Its Influence on the Halo Effect and the Similar-to Me Effect. Lauren Cotter. (2011)

Shorter sleep duration and better sleep quality are associated with greater tissue density in the brain. Hikaru Takeuchi, Yasuyuki Taki, Rui Nouchi, Ryoichi Yokoyama, Yuka Kotozaki, Seishu Nakagawa, Atsushi Sekiguchi, Kunio Iizuka, Yuki Yamamoto, Sugiko Hanawa, Tsuyoshi Araki, Carlos Makoto Miyauchi, Takamitsu Shinada, Kohei Sakaki, Takayuki Nozawa, Shigeyuki Ikeda, Susumu Yokota, Magistro Daniele, Yuko Sassa & Ryuta Kawashima. (2018)

Happiness & Health: The Biological Factors. Systematic Review Article. Dariush Dfarhud, Maryam Malmir, and Mohammad Khanahmadi. (2014)

The Neuroscience of Happiness and Pleasure. Morten L. Kringelbach and Kent C. Berridge. (2011)

A neural link between generosity and happiness. Soyoung Q. Park, Thorsten Kahnt, Azade Dogan, Sabrina Strang, Ernst Fehr & Philippe N. Tobler. (2017)

Mindfulness Meditation Activates Altruism. Sage K. Iwamoto, Marcus Alexander, Mark Torres, Michael R. Irwin, Nicholas A. Christakis & Akihiro Nishi. (2020)

War increases religiosity. Joseph Henrich, Michal Bauer, Alessandra Cassar, Julie Chytilová and Benjamin Grant Purzycki. (2018)

On how religions could accidentally incite lies and violence: folktales as a cultural transmitter. Quan-Hoang Vuong, Manh-Tung Ho, Hong-Kong T. Nguyen, Thu-Trang Vuong, Trung Tran, Khanh-Linh Hoang, Thi-Hanh Vu, Phuong-Hanh Hoang, Minh-Hoang Nguyen, Manh-Toan Ho & Viet-Phuong La. (2019)

The Human–Nature Relationship and Its Impact on Health: A Critical Review. Valentine Seymour. (2016)

Consumption of ultra-processed foods and likely impact on human health. Evidence from Canada. Jean-Claude Moubarac, Ana Paula Bortoletto Martins, Rafael Moreira Claro, Renata Bertazzi Levy, Geoffrey Cannon and Carlos Augusto Monteiro. (2013)

Ketogenic diet rewires circadian clock. Claire Greenhill. (2017)

The ketogenic diet influences taxonomic and functional composition of the gut microbiota in children with severe epilepsy. Marie Lindefeldt, Alexander Eng, Hamid Darban, Annelie Bjerkner, Cecilia K Zetterström, Tobias Allander, Björn Andersson, Elhanan Borenstein, Maria Dahlin & Stefanie Prast-Nielsen. (2019)

Creating Good Relationships: Responsiveness, Relationship Quality, and Interpersonal Goals. Amy Canevello and Jennifer Crocker. (2011)

El otro éxito ya está en tu interior, despiértalo y sácalo ahí fuera